寻根溯源学汉字 轻松易懂又有趣

一字一世界

⑫

Q–R

颜煦之 著

认识汉字·理解汉字·掌握汉字·运用汉字

湖南教育出版社

图书在版编目（C I P）数据

一字一世界. 12, Q-R / 颜煦之著. —长沙：湖南教育出版社，2019.4
ISBN 978-7-5539-6419-5

Ⅰ. ①一… Ⅱ. ①颜… Ⅲ. ①汉字—通俗读物 Ⅳ. ①H12-49

中国版本图书馆CIP数据核字(2018)第232503号

责任编辑：李 好
丛书策划：申晓华
版式设计：申曜年
审读统筹：申晓华
责任校对：张命乔

一字一世界 12, Q-R
YI ZI YI SHIJIE 12, Q-R

出版发行：湖南教育出版社
（地址：湖南省长沙市韶山北路443号 邮编：410007）
经　　销：全国新华书店
印　　刷：北京盛通印刷股份有限公司
（地址：北京市经济技术开发区经海三路18号）
版　　次：2019年4月第1版
印　　次：2019年4月第1次印刷
开　　本：787 mm×1092 mm 1/16
印　　张：13
字　　数：160千
定　　价：39.80元
书　　号：ISBN 978-7-5539-6419-5

序

曹文轩

为他人写序无数，还从来没有一次像写这个序那样踌躇，那样焦虑，那样迟迟不能下笔，一再延宕。本是一件“轻而易举”的事，却总是不能完成，几乎日日纠结在心。自己都觉得奇怪。今天，终于坐到了桌前。因为，实在不能再拖延了——那边在急切地等着发稿呢。

造成如此状况，大概是因为我和煦之先生的友情实在太深、太浓、太厚了——总想写一个对得起朋友的序，正是这番对友情的特别在意，使得自己反而一拖再拖难以落笔了。

其实，这个序写得好或坏是无所谓的，甚至可以没有这个序，因为，他做的事，白纸黑字都明明白白地摆在眼前，其价值和意义是不用人再絮叨的。写个序，只是戴个“帽子”，不至于看上去太“秃”罢了，将区区一个小序看得那样“严重”，实在没有必要。

两年前在南京与煦之先生相会，他送了我一套他著的趣谈汉字的书，厚厚四册，我当时十分吃惊。回到酒店，埋在沙发中翻看，见他做的竟然还是含了学术——甚至是很学术的事情，更是吃惊。后来，我遇见谁都会提起这套书，一说书的妙、书的趣；二说煦之先生做事总不按常规，动不动就干出出人意料的事情来。不久，与好友方国荣先生谈出版之事，听他兴致勃勃地说要做一套关于汉字与人生方向的书，便立即将煦之先生的著作介绍给他。他也吃惊不小，很快就和煦之先生联系上了，没想到煦之先生竟神奇地又成就了一套方国荣先生心中所希求的新书。

此套书共十一册，还是关于汉字的。

细想想煦之先生做成此事，其实也无令人吃惊之处。他这个人，既是性情中人，又是一个执专心的人。一旦决定做一件事了，天底下也就只有这样一件事了。雷打不动，五头大牛未必能将他拽回。若是在夏季做事，你都能想见他干活时的样子：将门关住，短裤背心，甚至赤膊上阵，宽阔的脑门子上汗津津的，短而厚的手捉住笔就不肯放下，困顿时冲冲凉水澡，拍拍胸脯，拍拍脑门，提提神，接着再干。你以为他做的事，总出乎情理，而事实上，他做事就像他的体型一般稳重，方而正。这也是他的品格。

这一回，他的事做得有点大。

汉字文化，是个大题目，是一个意义非凡的大题目。九年义务教育新课程标准已经出台，与此前课标相比，其中一条被特别强调：要使学生懂得，汉字不只是一种纯粹的书写符号，也蕴含深厚的文化。煦之先生的研究事先当然与新课标毫无关系，只是他的思考与新课标的新维度暗合了。这也许是真知灼见者的不谋而合——所谓“英雄所见略同”。这套书，无意中可成为日后学生和语文老师学习、讲解语文的难得的参考书籍。

汉字是中国人极端聪明、非凡才智的结晶。有人在拿它与种种拼音文字进行比较时，故作深刻地说拼音文字是高度抽象能力的结果，那意思是说人家的东西要比我们的技高一筹。此等说法，不免肤浅。他们将象形文字的汉字，看成了依样画葫芦式的幼稚了，殊不知它的抽象能力其实是无与伦比的。这一个个神秘的方块字，无所不能，说事说理，皆妙不可言。我们可用它最完美地叙述这个世界，也可用它阐述这个世界上最精辟的原理和哲思。它的高度活性，字与字之间的微妙差异以及组词之后的无限能力，是任何一个熟练掌握它的人都会感到惊讶的。它是“魔方”。具象与抽象的完美统一，已抵达天造地设般的境界，使人觉得它本是造物主所使用的文字，是天然的。

更妙的是，一个个字，并不只是说事说理的符号，它们自身就是有意味的，甚至是有无穷意味的，一个个都是可以加以解读和欣赏的。从它们诞生的那一刻开始，它们就负载了若干意味。它们在不断变形的过程中，还暗含了历史的变迁。到了今天，每一个字，都有它的历史。“一字一世界”，还不抽象吗？抽象程度还要多高？可它确实又是形象的，因此，它与别种文字相比，又有了一个特殊的功能：审美。

它直接产生了一门艺术：书法。

从古至今，那些书法大家，用他们各具特色的书写，为我们提供了一个丰富的艺术世界。这个世界陶冶了中国人的性情，提升了中国人的生命境界。

煦之先生对汉字的认识价值和审美价值的理解与分析，就在这十一册书中。

写到此处，我忽然想起两件事来。一件是，好几年前，有个思维独特的年轻人四处奔走，并到处分发传单，说他经过长时间的研究发现，以英语为代表的拼音文字，其实也是一种象形文字。可是没有一个专家理会他。现在，这个年轻人不知到哪里去了，不知是否还在坚持他的“异端邪说”、继续他的“荒唐”研究。另一件是，一个大规模的制作和推广英语电子词典的公司的老板，向我展示了他的研究成果。他的研究成果与那个年轻人的结论一致，只是更加学理化：英语，也是一种象形文字。他当场向我解读了一个个英语单词，告诉我它们都是“象形的”。这个老板是学英语出身的，我当然不敢苟同他们的看法。但这两件事，倒使我看到了一个认识上的变化：作为象形文字的汉字，倒成了人家比附的文字了。

进入汉字魔方吧，其乐无穷。

2014年11月1日于北京大学蓝旗营小区

曹文轩，当代著名作家，精擅儿童文学，任北京作家协会副主席，北京大学教授，现当代文学博士生导师，儿童文学委员会委员，中国作家协会鲁迅文学院客座教授，是中国少年写作的积极倡导者、推动者。主要文学作品有《山羊不吃天堂草》《草房子》《天瓢》《红瓦》《根鸟》《细米》《青铜葵花》《大王书》等。

自序

当你拿起这本书，翻到这一面，我们就算有了一面之交。我很想拉着你的手，跟你聊两句。不多，就这么几句。

我这人一生与书有缘：读书、教书、编书、写书、出书、卖书、藏书……虽然如此，而今我却还是常读错字、写错字、用错字，还有很多不认识的字。究其原因，跟自己菲才寡学、天资愚钝有关。另外，恐怕跟汉字既多又难认难记有关。

汉字大约有十万个，常用的虽然只有三千来个，但要记住却非易事。据说，外国人把最难办的事说成“这比学汉字还难”。正因为此，近几十年来，国家成立专门机构，搞汉语拼音和汉字简化。

如今，全球有数千万“老外”学汉语，加上母语为中文的华人，使用汉字的多达十四亿人。怎样让这么多人轻松愉快地学汉字，是件十分有意义的事。我愿为此稍尽绵薄，所以编写了这本书。

汉字，是世界文化的明珠，是中华民族的骄傲。汉字，是先民们历经数千年，把对自然和社会的认识，巧妙地移植到一笔一画上而形成的。汉字，源远流长，魅力无穷，超群绝伦，华夏儿女应该发扬继承。

汉字，不仅仅是符号。对汉字，光凭眼睛看是不够的，形、音、义三位一体，那得细细品味，慢慢咀嚼，才能品出味儿来。有些字，是一幅生动的图画；有些字，是一个有趣的故事；有些字是一段复杂的历史；有些字，说的是生活常理；有些字，谈的是科学道理；有些字，讲的是深刻的哲理。每一个字，都值得我们欣赏、品味和探讨。若三五同好，聚在一起，谈古说今，咬文嚼字，得其三昧，那真是其乐无穷。

前人和当今有识之士，对汉字做了大量深入的研究，著述浩如烟海，硕果累累。作为门外汉，我不揣冒昧，也挤将进来，凑个热闹。

我将两千多个常用字，以科学分析和有趣故事相结合的方式，编写成这套书。我所讲解的每一个字，分为前后两部分。前半部分，我将这个字的形成、演变过程以及字形、字义、读音作简要介绍。凡此，仁者、智者，各有见解。我博采众长，或综合为一，或分别罗列，任君选择。后半部分，我以小故事等形式，更形象、更生动地来解释这个字的形、音、义。我不仅讲这个字的用法，而且讲这个字的结构特征，讲这个字笔画的用意，讲这个字和相似字之间的区别。我还特别注意解释字的读音，以便区别这个字与其它谐音字之间的区别与联系。我讲了两千多个汉字故事，与这些故事相关联的汉字有六千多个，几乎包括了所有的常用字。这便是字中有字，这才是真正的汉字故事。

顺便说一句，这里的故事，有些是我的创作；有些是据资料编写；有些是来自民间的汉字俗解。其中有些内容，“俗文学”也罢，荒诞也罢，读者朋友切莫当真。你尽可把先贤们的论著当作学术理论，把我这儿写的，权且当作插科打诨。因为我的目的很简单，我只是想通过这些小故事、小笑话，以及诗词、对联、谜语、民歌、童谣、字谜、谐音、测字、解字、解梦，避讳这些形式，加上奇闻轶事、文坛掌故……以此搭座桥、凑个趣，使朋友们认识这些字，辨别这些字，掌握这些字，记住这些字。

我愿把这套书，献给对汉字情有独钟的朋友。让大家在茶余饭后，有个谈笑的话题。这种话题，雅俗共赏。

我愿把这套书，献给学汉字的外国朋友。让他们更多地了解汉字的丰富多彩。愿他们在轻松愉悦中掌握汉字。

我愿把这套书，献给青少年朋友们。让他们在课外阅读时，带着笑脸，品味每一个字的结构和内涵。

我愿把这套书，献给我的教师同行们，为他们在备课时提供点资料，使他们在讲课时增加点情趣，让他们在课堂上引发出阵阵欢笑声，使孩子们在寓教于乐中理解汉字的博大精深。

当你手捧这一套沉甸甸的《一字一世界》时，我要深情地向你介绍为这套书的出版作出不懈努力的至爱亲朋。首先要说的是我的出版人申晓华先生。他不辞辛劳，担当风险，近十年来不离不弃，专注于此书的出版发行。好友曹文轩先生，热情为这套书作序，为这套书增光添彩。资深编审王林军先生，是这套书第一版的责任编辑，他为这套书奠定了基础。著名画家，装帧设计家朱成梁先生，为这套书的第一版，设计了精美的封面和版式。著名漫画家何天卫先生和叶霆先生，为这套书提供了大量生动活泼的插图和图案。著名儿童文学家方国荣先生，为这套书的第二版出版，作出了不懈的努力。这套书由第一版的七百余汉字故事，增补为两千余故事，经历了十多年的艰辛创作，其间幸有编审谢芳女士，著名汉字研究专家唐汉先生，古典文学博士陈光先生，著名青年书法家陈义望先生……他们参与了这套书的审读、修订和把关，指出了书中的不足和差错，保证了这套书的出版质量。因为这套书讲的是汉字知识，出版社是以辞书的标准来保证这套书的质量的。

图书出版，是很难完美无缺的，总会留下一些缺憾。这套《一字一世界》也概莫能外。我壮志不已，耕耘不辍，仍在收集汉字故事，愿继续努力，将三千多常用汉字，都配上生动有趣的故事，编成一本既可当字典，又可当故事的“阅读字典”，以供读者朋友们赏阅。

说到读者朋友，我激动不已，感慨万千。自该书出版十多年来，因书中有我留下的手机号码，我先后收到一百余位读者来电。有的指出差错，有的提出建议，有的给予鼓励，有的提供故事，有的只讲了几句：感谢你，继续努力……

我决不辜负读者朋友的厚爱，再接再厉，使这套书日臻完善。如你购得此书，那我们也就心灵沟通，成为志同道合的文友。君不闻，前世修得八百次回眸，今生方得一次擦肩而过。你我有缘，你才翻阅此书。以书会友，是我三生有幸。

如蒙赐教，请记住我的手机号码：13705181009。我当洗耳恭听。

感谢你阅读此文！

感谢你阅读这套书！

二零一九年三月

于南京长江大桥堍

目录

Q

将棍棒切断——七 / 拈个“七”字测眼病 ………… 2

做家务的女子——妻 / 社区调解员讲“夫妻” ………… 4

长柄大斧——戚 / “戚”与“休戚” ………… 6

行骗欺诈 / 人善被人欺 ………… 8

树皮割开，漆汁流下来 / 油“漆”漆漆盘　漆漆息息 … 10

禾麦吐穗，整齐一致 / 人“齐”心齐才算齐 ………… 12

像簸箕一样的用具——其 / 下棋测字两不误——其 …… 14

人骑在马上——奇 / 尴尬的“奇”字 ………… 16

跨坐在马背上——骑 / “鬼子”称呼的来历——骑 …… 18

木制的文娱用品——棋 / 小神童以“棋”作诗 ………… 20

向人讨取——乞 / “乞巧节”和“七夕节” ………… 22

打胜仗奏的乐曲——岂 / 山里出的豆——岂 ………… 24

踮起脚后跟等待——企 / 李嘉诚妙解“企”字 ………… 26

用手开门——启 / 调解员的“启”迪 ………… 28

举足站起来 / 巴县走狗——起 ………… 30

天空飘浮的云雾水气 / 气息・气概 ………… 32

双手捧婴儿扔掉——弃 / “弃”字与“后稷”的传说 … 34

无声或低声流泪哭泣 / 斗笠飘落在水边——泣 ………… 36
用犬看守——器 / 只好都来守小狗——器 ………… 38
不上不下卡在中间 / 上下“卡”子 ………… 40
十百为一千 / “钱夫子”和“千夫子” ………… 42
向高处移动——迁 / “迁”和“孟母三迁” ………… 44
骑马出塞，骞翥而去 / 宰相头，骏马尾——骞 ………… 46
脚在船上，不行而向前 / “提前”和“提钱” ………… 48
老虎行走的样子——虔 / 老祖母的“虔”诚 ………… 50
古代像铁铲的农具——钱 / 银行行长谈“金钱” ………… 52
草木出土向上长——乾 / 代“乾”坤壮色 ………… 54
张大嘴巴打呵欠 / 转弯抹角说“欠”字 ………… 56
阻断交通的壕沟——堑 / “堑”与“天堑” ………… 58
挽弓当挽强 / 陆游吟诗说“强”字 ………… 60
房屋和周围的围墙 / 胡铁嘴测字寻贼——墙 ………… 62
将脚高高抬起——跷 / 拆解“蹺”字说疾病——跷 ………… 64
手持棍从高往下敲 / “敲”与“推敲” ………… 66
踩高跷的舞蹈——乔 / 乔老爷求测“乔”字 ………… 68
用木料架的桥 / 有木便为桥 ………… 70
技巧高超——巧 / “巧”妇能为无米之炊 ………… 72
山势陡峻——峭 / 山高月小难相处——峭 ………… 74
漏光的洞孔——窍 / 杂谈“窍”字 ………… 76
鸟尾上的长羽毛——翘 / 鞋尖往上“翘” ………… 78

用刀割断物体——切 / 考功郎中——切 ………………… 80
祭祖的神主牌位——且 / "且"字三测 ………………… 82
女奴隶——妾 / 章鸿铭说"妾"字 ………………… 84
把米偷到洞穴中——窃 / 小"窃"贼变巧锁匠 ………… 86
赞叹的样子——钦 / 没有路费了——钦 ………………… 88
感情深厚关系近——亲 / 见立木顿生"亲"情 ………… 90
两手举杵舂米——秦 / 春秋各一半——秦 ……………… 92
拨弦乐器——琴 / 义正词严对下联——琴 …………… 94
禽 / 人已离去——禽 ………………………………………… 96
手持工具在劳动——勤 / 谜友庆功会——勤 ………… 98
捕获捉拿禽与兽——擒 / "擒"贼擒王 ……………… 100
渗入心脾——沁 / 多了一撇，贻误战机——沁 ……… 102
草木的颜色——青 / 纪晓岚说"青"字 ……………… 104
轻便的车子——轻 / 各抒己见谈"轻"字 …………… 106
人的头歪斜不正——倾 / 是"倾覆"还是"倾倒" … 108
两人相对就餐——卿 / 白字先生的打油诗——卿 …… 110
纯净透明的清水 / "清"朝国号之谜 ………………… 112
内心的感情 / 青姑有心即为情 ………………………… 114
夜间雨停星星出——晴 / 测"晴"字劝续前缘 ……… 116
希望得到——请 / 猜字谜以礼相待——请 …………… 118
诚心去祝贺——庆 / "庆"字的悲剧 ………………… 120
身困洞中无法用力——穷 / "穷"书生感叹"穷"字 … 122

两个并立小土山——丘 / 不知孔子名丘 …………… 124
与地名有关的邱 / “邱”字露破绽 ……………… 126
庄稼成熟在秋季 / 果园猜字谜——秋 …………… 128
把人关在地穴——囚 / 口中之人——囚 …………… 130
毛皮衣服——求 / 妙测“求财”两个字 …………… 132
独龙族的旧称——俅 / 高毬改高俅 ……………… 134
隐藏物品的地方——区 / 测字高手痛斥官迷——区 … 136
身体弯屈 / 三个字谜三个姓——屈 ……………… 138
快步向前走——趋 / 从“趋”字说开去 …………… 140
筐篓等器具弯曲不直 / “曲”尺能成方圆器 ………… 142
人工开凿的水道——渠 / 开“渠”放水，水到渠成 … 144
取女子成亲——娶 / 不敢“娶”你 ……………… 146
人离开屋子走出去 / 用字谜回答——去 …………… 148
赶快走过去取——趣 / 边走边取谓之趣 …………… 150
黄华树的名称——权 / 维护“权”益小插曲 ………… 152
纯玉收藏入库——全 / 人王为全 ………………… 154
地底下涌出水来——泉 / 聪明的牧羊女——泉 ……… 156
弯曲手指握紧拳头 / “独拳”和“独权” ………… 158
翘着尾巴叫的犬 / 一人一点——犬 ……………… 160
用刀刻木为契据——券 / 胜“券”在握 …………… 162
瓦器易破损不全——缺 / 有饼如月，因食则缺 ……… 164
屈腿下跪——退却 / 脚上去掉一块肉——却 ……… 166

短尾巴的小鸟——雀 / 年少佳人——雀 …………………… 168

叫声响亮的喜鹊 / 似曾相识燕归来——鹊 …………………… 170

下面的衣裳——裙 / 武则天造“裙”字 …………………… 172

头羊领着众多羊——群 / 梦见羊儿离群 …………………… 174

R

火烤狗肉——然 / 为“然”字打官司 …………………… 178

布帛染九次不褪色 / “染”字上多一点 …………………… 180

松软肥沃的土——壤 / 击“壤”歌 …………………… 182

食物丰富有余——饶 / 得“饶”人处且饶人 ………… 184

搅得人劳烦不宁——扰 / “扰”和“庸人自扰” …… 186

毛线缠绕 / 写错偏旁毁座城——绕 …………………… 188

心里烦乱易惹祸 / 有心许诺不便言——惹 …………………… 190

温度高天气热 / 下面四点放错了——热 …………………… 192

一字一世界

Q

将棍棒切断——七

qī

七

甲骨文

金 文

小 篆

七

隶 书

七

楷 书

“七”这个数目字，我们再熟悉不过了。甲骨文、金文、小篆“七”字都是指事字。最早的甲骨文，在一根棍棒形的“丨”字中间加上一长横。这“丨”字读“gǔn”，从读音和字形来看，恐怕就是我们现在所说的棍棒吧？那一长横表示将棍棒切断。

这字形与已有的“十”字相似。古人为了将“七”与“十”区别开来，在甲骨文和金文中，就将“七”字写成横的一画长，竖的一画短。但这样还是容易混淆，后来的小篆就作了更明显的改动，将竖画下边弯曲了一下。隶变后，楷书写作“七”。作偏旁时，有的也写作“七”。

从甲骨文的字形来看，“七”字的本义指“切断”，这个“七”字就是后来的“切”字的本字。当“七”字借作数目字用后，古人又在“七”字右边加了一把“刀”，另造了一个专门用来表示“切割、切断”之义的“切”。

“七”字的本义指“切断”。由这本义假借指数词，指“六加一的和”，如七绝、七律、七夕、七步之才、第七位。

“七”字被人们看作是个神秘的数字。天星里有七政，指：木、火、土、金、水五星加日、月为“天七政”。地上也有七政，指：春、夏、秋、冬“四象”加天、地、人“三道”为“地七政”。人也有七政，指人皆外生七窍，内应七情。七窍指人的耳、鼻、目、口七孔，七情指喜、怒、忧、思、悲、恐、惊七种心情。另外，外国《圣经》里有“六日完工，七为圣日”之说，“七”用作“礼拜天”。

另外还有：颜色分为七彩，声音分为七声，等等。

人死后，每七天一祭，称“做七”，至七七四十九日止为“满七”。

“七”字也作姓氏用。

拈个“七”字测眼病

民国末年，南京夫子庙文德桥头有个测字名家胡铁嘴，他学过中医，为人测字时，还顺带着帮人治病呢。

这天，来了位六十上下、头发花白的老汉。他不时揉着左眼，说这几天看东西越来越模糊，不知这只眼睛能不能治好，想来测个字。

照理，治眼睛得到医院去找医生，可那时候的人偏偏相信测字先生，先来问个吉凶。

胡铁嘴懂医术，他一眼就看出，这老汉右眼无神，可能已失明，左眼视物模糊，不外乎老年白内障之类。这时，他心中已有谱了。

胡铁嘴拿出布口袋，让老汉摸出一个字。他翻开一看，是个“七”字。这简单的两笔画，能说出什么名堂？但胡铁嘴胸有成竹，他盯着老汉的双眼，又掂掂手里的纸牌，再指指上面的“七”字说：“老兄弟，你拈的这‘七’字，说明你一只眼睛已瞎了，还有一只眼也快瞎了。”

老汉大吃一惊，站起来说：“你怎晓得的？我右眼失明多年，现在就怕左眼也保不住啊。”

胡铁嘴把“七”字送到老汉鼻子底下：“你看这‘七’字，乃‘北’字的一半。‘北’字意为失败、败坏，古书上不是常说‘败北’吗？败者，坏也，所以我晓得你有只眼睛坏掉了，失明了。”

老汉皱着眉，似乎没听懂。胡铁嘴接着说：“老话说‘不分青红皂白’，还有成语‘皂白分明’。这‘皂白’的‘皂’字，上为白，下为‘七’。皂者，黑也，现在去掉‘白’字，只剩了下段‘七’字，不是更黑了吗？如你左眼再失明，就一片漆黑，什么也看不到了。”

老汉哭丧着脸说：“那我不就成了瞎子了？”

胡铁嘴安慰他：“也不见得。你今儿来幸亏拈到这‘七’字。你千万莫再耽搁，尽可能在七日内，到大医院去，请医生给你动个手术，将左眼上一层云翳（yún yì）去掉就没事了。”

老汉听了，千谢万谢，丢下些钱，到医院去了。

qī
妻

甲骨文

金 文

小 篆

妻
隶 书

妻
楷 书

做家务的女子——妻

古代的“妻”字，既是个象形字，也是个会意字。甲骨文的“妻”字，上面像某种家具的样子，下面是“女”字。这两个字形组合在一起指“正在做家务的女子”。

金文的“妻”字由甲骨文演变而来，上面的家具形状改为将长头发扎结起来，插上簪子，下面改为“母”字，这样“妻”的意思更明显了。即便现在，有些偏远地区的农村姑娘出嫁时都要“上头”，即把辫子梳成发簪，并戴上头饰，表示将出嫁作人妻。

小篆的“妻”字由甲骨文演变而来，上面的字形像家具的样子，中间是“又”字，表示手，下面是“女”字。三个字形合起来，指女子手持家具在从事家务劳动的样子。隶变后的楷书写作“妻”。

“妻”字的本义指“女子嫁为人妻”，如男子的配偶称为“妻子”，丈夫和妻子称“夫妻”，妻子的亲属称“妻党”，妻子也称“妻室”，妻子和儿女称“妻小”，妻子的弟兄称“妻舅”，原配妻子称“发妻”。前妻、正妻、妻离子散、妻儿老小、封妻荫子等词中的“妻”字都是指男子的配偶之义。

社区调解员讲“夫妻”

无锡梁溪谜语研究会主要成员，人虽不多，但人脉广，能量大，且是正能量，今天请来社区优秀调解员秦女士讲“夫妻”。

秦女士快人快语，一上讲台，直奔主题——

台下坐的大多是爷们儿，是大丈夫。尽管“夫”字前面有人讲过了，今天我讲“夫妻关系”，不得不顺带讲几句“夫”字。其实，这“夫”字里面有妻子。有人说“夫”字是象形字，像男子将长头发束起扎个结的样子。也有人认为是男女二人合在一起为“夫”，女称男为“丈夫”，男称女为“夫人”。读音上，男称“夫”，女称“妇”，男的当了爸爸就称“父”……这里有千丝万缕的联系。

“妻”字的字形是“夫”字头，“女”字底，中间是一只手。对此，人们有不同解释。有人认为，那是远古时代抢婚习俗的表现，表示男人用手将女子抢回家做妻子；也有人认为，有些“妻”字的字形，上面是古代“贵”字简省的写法，与“女”字合在一起，表示“妻”字的本义指“与丈夫保持一致的人，是男子的配偶”；还有人认为，中间那只手表示妻子在料理家务。三种说法，都有道理，看个人怎么理解。

“妻”字的读音为“齐”，这里有夫妻齐心的意思。夫妻本是同林鸟，就是燕子垒窝，也是雌雄齐心协力啊。夫妻共同生活，男耕女织，一般是妻主内，夫主外。人们常说，一个成功男人的背后，必定有一个贤惠的女人。男人在外面的事业成功，离不开妻子在家里的默默奉献。妻子是家庭的内务部长，管不好内务，丈夫怎能安心创事业？这里不存在优劣主次的问题，重在齐心协力，共同创造幸福美满的家庭。

“夫主外，妻主内”，“夫妻”二字表达得很到位。“夫”字是“天”字出头，到天外去了；“妻”字是内有巧手，两人分工合作。当然，汉字也没说妻子只能待在家里，不能出头露面，“女”字和“妻”字都伸出头的啊。

听罢秦女士的演讲，台下的男士们纷纷鼓掌。

长柄大斧——戚

qī

戚

小篆的“戚”字是个上三包围结构的形声字兼会意字。外层的“戉”字读“wù”，作形符，表示跟刀斧之类的兵器有关。“戚”字外层“戉”字内左下方的“尗”字读“shū”，作声符并会意。

“戉”字与“尗”字组合，指一种长柄大斧。甲骨文的“戉”字是象形字、字形就像一种带柄的狭长的斧子形兵器，本义指“刀斧”。所以古人用“戉”字作“戚”字的形符。

古人为什么用“尗”字作“戚”字的声符呢?

金文和小篆的“尗”字是会意字。从金文看，“尗”是用木橛等尖器挖掘竽头、豆子一类植物地下球茎之义。《说文解字》解释：“尗，豆也。象尗豆生之形也。”看来指的是豆子。“尗”字的字形表示“豆子落地面”之义。“尗”字与“戉”字组合，表示大斧可将物体砍落地面。所以古人用“尗”字作“戚”字的声符并会意。

楷书的字形由小篆演变而来，写作“戚”。

“戚”字的本义指“大斧”，后假借称“有婚姻关系的亲属”，如亲戚。亲戚关系称“戚谊”，亲戚朋友关系称“戚友”，帝王的母亲和妻子方面的亲戚称“外戚”。“戚”字又假借指“悲哀、忧愁”。如哀戚、悲戚、休戚。

“戚”字也作姓氏用。

甲骨文

金 文

小 篆

戚
隶 书

戚
楷 书

“戚”与“休戚”

“戚”字有三个意思。一是指亲戚关系。二是指古代兵器，像大斧。三是指忧愁、悲哀。

有个词叫“休戚”，“休”指欢乐，“戚”指忧愁，“休戚”泛指有利的和不利的遭遇。有两个相关的成语是大家经常用到的，这便是“休戚相关”“休戚与共”。

说起“休戚”一词的来历，有段历史故事。这个故事出自《国语•周语》，说的是距今两千多年的春秋时期，晋国的晋厉公当了国君，他生怕国内的王族公子为了争权夺利制造事端，难以应付，就设法将他们分散，分别送到国外去居住。晋襄公的曾孙姬周被派到周朝，在周王的谋士单襄公家当了一名家臣。那时他只是个十来岁的少年，但他显得很成熟，行事很低调，凡事谨言慎行，一举一动都守规矩。单襄公看在眼里，记在心上，将他当心腹看待。尤其使单襄公感动的是，这少年虽离开晋国，寄居在周朝，但他时刻不忘晋国，对晋国的事十分关心。据古书记载，他对“晋国有忧，未尝不戚；有庆，未尝不怡”。也就是说，他听到对晋国不利的消息，没有不感到悲伤痛苦的；凡对晋有利的消息，他没有不为之喜悦的。

后来单襄公得了重病。他自知来日无多，便把自己的儿子，也就是单顷公叫到床前，郑重其事地向他交代：“（姬周）为晋休戚，不背本也！”这话的意思是说，姬周跟晋国同欢乐，同悲伤，他从不背叛，从不忘本啊。单襄公还分析给儿子听，说姬周将来很可能回国接任国君之位，像他这样有道德、有修养，又如此热爱自己国家的人，在晋国少之又少，今后一定要善待他、关心他、帮助他！

单顷公遵照父亲的遗嘱，一直关心和爱护姬周。过了几年，晋国发生内乱。大臣栾书杀死了晋厉公，然后派人将姬周接回国，并拥立他为国君，这就是历史上的晋悼公。那年，他刚满十四岁，是位少年天子。

《国语》中记载这段故事的原文中用了“休戚”一词，后来便产生了“休戚与共”和“休戚相关”这两个意思相近的成语，用来表示喜忧相关，形容双方利害关系一致，十分密切，不可分离。

qī

欺

小篆

欺
隶书

欺
楷书

行骗欺诈

古代的“欺”字，是个左右结构的形声字兼会意字。右边的“欠”字是形符，表示跟缺少、亏欠有关。左边的“其”字是声符，读“qí”。这两个字形组合在一起，指“用骗术诈骗别人”。因诈骗别人的人心里有鬼，底气不足，没有勇气，因而含有“欠意”，所以“欺”字用“欠”字作形符。

古人为什么用“其”字作“欺”字的声符呢？因为“其”字是指示代词，诈骗者不说实话，常常用编造的言辞来使人相信，这些言辞是其他的，不是本质的，所以“欺”字用“其”字作声符并会意。

“欺”字的本义指“诈骗”，如说假话骗人称“欺哄”；欺骗蒙混称“欺瞒”；隐瞒事物真相来骗人称“欺蒙”；用虚假的言语或行动来掩盖事实真相，使人上当称“欺骗”；用狡诈的手段骗人称“欺诈”。欺上瞒下、自欺欺人、童叟无欺等词中的“欺”字都是指“诈骗”之义。

“欺”字由本义假借指“压迫、凌辱别人”，如用蛮横无理的手段侵犯、压迫或侮辱别人称“欺负”；欺负、凌辱称“欺凌”，也称“欺辱”或“欺侮”；欺负新来的人称“欺生”；欺负压迫称“欺压”。欺软怕硬、欺人太甚等词中的“欺”字都是指“压迫、凌辱别人”。

人善被人欺

明朝洪武年间，苏州文庙附近，有几个文人朋友常聚在一起喝茶聊天，相处甚欢。后来，有个名叫陈家良的人，将乡下几亩薄田，卖与钱永其，为田的好坏、钱的多少，两人闹得颇为不快。两人的好朋友黄为工从中调解，还特地请来在县衙当师爷的好友李谷禾参与劝和。这天，黄为工做东，在狮子楼摆下宴席，将三人请来喝酒相聚。

黄为工有言在先，今日聚会，只吟诗作对，不谈不顺心的事。按座席顺序，黄为工请年龄较大、坐在上席的陈家良先吟几句，后面的人按他的格式，跟着吟诵。

陈家良也不推辞，沉思一刻，说道："家良不才，就以'良'字开头吟几句，算抛砖引玉吧。"

良字本是良，加米也是粮。
除却粮边米，加女便是娘。
语云：卖田不卖粮，嫁女不嫁娘。

钱永其听出了话外音，接着吟道：

其字本是其，加水也是淇。
除却淇边水，加欠便成欺。
语云：马善被人骑，人善被人欺。

师爷听出了火药味儿，忙出来劝和：

禾字本是禾，加口也是和。
除却和边口，加斗便成科。
语云：官无悔笔，罪不重科。

黄为工听了，跟着劝解：

工字本是工，加力也是功。
除却功边力，加丝便成红。
语云：人无千日好，花无百日红。

最后这句，借花不能保其色，暗喻人不能保其情，希望陈钱二人各自克制，好自为之。

树皮割开漆汁流下来

qī

漆

甲骨文

金文

小篆

隶书

楷书

“漆”字的本字是“桼”，最早的“桼”字是个象形兼会意字。甲骨文的“桼”字，像一棵树的树皮被割开，树皮里有汁滴下来的样子。金文的“桼”字承续了甲骨文的字形。

“桼”字的本义指“漆的汁”，即漆汁，可制涂料。“桼”字也指漆树，一种落叶乔木。后来“桼”字作了偏旁，归入“木”部，凡于“桼”字取义的字都归为一类。篆文在“桼”字左边加三点水作形符，专门表示“漆”。于是这“漆”字就成了个左右结构的形声字兼会意字。因漆是液态的，所以用三点水作形符。因为“漆”字是由“桼”字演变而来，且逐渐取代了“桼”字的意见义，所以古人用“桼”字作“漆”字的声符并会意。

楷书的字形由小篆演变而来，写作“漆”。

“漆”字的本义指“树干流出的漆汁”。

“漆”字由本义引申指漆树汁制成的涂料及由涂料制成的东西。如用漆或其他涂料涂过的布称“漆布”，器具表面涂漆的一层称“漆皮”，表面涂漆的器物称“漆器”。还有漆画、瓷漆、喷漆、朱漆、清漆、生漆、油漆等词。

由“漆”字引申指“黑”。如漆黑一团。

由“漆”字又引申指把涂料涂在器物上的动作，如把桌子漆一漆！

油“漆”漆漆盘 漆漆息息

民国年间，南京内桥有个青年教师，名叫秦博古，此人学识渊博，吟诗作对，无所不精，在同行中属佼佼者，有才子之称，所以他的自我感觉极好，一般人他都不放在眼里。

有年初夏，秦先生家里打了一排书柜，请来一个老漆匠把柜子油漆一下。老漆匠是个做事麻利又喜欢闲谈的人，他见秦先生的墙角下堆满了书，笑问道：“先生熟读诗书，想必吟诗作对也是行家啰。”秦先生点点头：“略知一二。”说着，从书堆上拿起一个掉了漆的漆盘，请老漆匠顺便刷点漆。老漆匠接过漆盘看了看，说道：“真是无巧不成书。我干了几十年漆匠，年轻时，在一个老秀才家漆书柜，他也让我漆几个盘子，待我漆好盘子，他作了副对子，可惜没有下联。”秦先生听了，好奇地问：“上联是什么？”

老漆匠一字一句吟道：

油漆漆漆盘，漆漆息息，息息漆漆，亮！

秦先生听了，一开始认为没什么意思，但默读了几遍，细细品味，发觉这上联很有讲究。“漆”字连用，字义不同，作用也不同。一句平常话，说出了漆匠的工作状态，最后一个“亮”字更显示了满满的自豪感。秦先生一时答不出下联。他悄悄把这上联记下来，不断琢磨，但一年过去了，仍没对出下联。

后来有天下雨，秦先生穿的钉鞋坏了，几颗铁钉掉了下来，他便拿到夫子庙一鞋摊去修。那时胶鞋、套鞋很少见，大家都是在厚布上涂桐油，鞋底钉上铁钉，这样既防水又防滑，人们称之为“钉鞋”。秦先生请鞋匠师傅补几颗钉子。这老鞋匠是个开朗爱说笑的人，他手持铁锤，叮叮当当地敲着铁钉，还随着节拍，欢声唱道：

铁钉钉钉鞋，钉钉停停，停停钉钉，牢！

秦先生一听，心中豁然开朗：哈，这不就是下联吗？他不由感叹：天外有天，山外有山，高手在民间啊。

qí

齐

甲骨文

金 文

小 篆

齊

隶 书

齐

楷 书

禾麦吐穗，整齐一致

甲骨文的“齐”字是个象形字。字形像禾麦吐穗，长得整齐一致的样子，虽然只有三株麦穗，但看上去整齐划一。金文的“齐”字略有变化，在三株禾麦的下面增加了两条横线，表示这些禾麦由地面向上生长的意思。小篆的字形由金文演变而来，变得更为复杂，它也强调“土地”的意思，表示“地上长的禾麦很平整”。隶变后的楷书写作“齊”，现简化为“齐”。

“齐”字的本义指“禾麦吐穗，整齐一致的样子”，后引申指“平整、一致”。如有同样的名望称“齐名”；整齐也称“齐整”；思想认识一致称“齐心”；整队时，以指定人为标准排齐站在一条线上，或拿某人作为学习的榜样称“看齐”。齐心协力、等量齐观、并驾齐驱、举案齐眉、参差不齐中的“齐”字都是“一致、整齐”的意思。

“齐”字由本义引申指“一起，同时”。如两个或两个以上的歌唱者按同一旋律同时演唱称“齐唱”，聚集、集拢称“齐集”，两个或两个以上的演奏者同时演奏同一曲调称“齐奏”，在约定地点集合称“聚齐”，表示同时也称“一齐”。

“齐”字由“一起”引申指“全、完备”，如齐全（多指物品）称“齐备”，应有尽有（多指物品）称“齐全”。

“齐”字也作姓氏用。

人“齐”心齐才算齐

无锡东门中学的杨老师，上课的时候讲解了课文关键字“齐”字，他要求同学们结合自己的生活经历，谈谈对“齐”字的认识和感受。

杨老师的话刚讲完，金一鸣便抢着说：“我发言稿已准备好了。”说罢，他走上讲台，讲了段人齐心齐才算齐的故事——

这是我小学六年级的事。我们班有个同学叫胡二刚，他过生日时，当老板的老爸为他定做了一个适合小学生踢的足球，因此，胡二刚理所当然地当了足球队长。我们班足球队十几个人，原本心很齐，团结得像一个人，可胡二刚当上队长后，自以为是足球的主人，常常耍威风、欺负人。

有一天，十几名球员连同裁判到齐了，分成两队，在南门体育场运河边练球，准备迎战校外一场比赛。一开始，胡二刚就犯规，他还推搡sǎng人，有两个人很生气，退出对抗赛，剩下的也跟着走了，只剩胡二刚一个人踢球玩。当我们十几个人跨上文化宫大桥时，忽听有人喊救命。大家扭头一看，只见胡二刚陷在河滩淤泥里，爬不上来了。原来，他将足球踢得掉下河滩，他下去捞时，陷在淤泥里动弹不得。这时，我们十几个人，没人喊口令，一个个飞奔到桥头，沿斜坡一个接一个地滑下去，谁也顾不上脱衣脱鞋，一个接一个地拉着手，踏着淤泥，迈向被困的胡二刚，将他拉上来，再一个接一个地往回退……运河岸边，大桥上，不少人热烈鼓掌。正巧有位报社记者路过，拍下一张照，登在报纸上。你们看，我们这支抢险队伍多么整齐啊。我体会到，人齐了，心要齐，那才算真正的齐。

金一鸣把那份珍藏的报纸让同学们传阅。

杨老师说：“金一鸣讲的这件事很有哲理性，事迹也动人，照片上的情景很感人。我也有张照片请同学们欣赏。我在备课时，发觉古人对‘齐’字的理解，总是说它是象形字，像禾麦吐穗，十分整齐壮观的样子。古人认为，像稻谷麦类农作物吐穗时，上面那平整的样子，是没有任何东西赶得上的，难怪人们称麦浪滚滚啊。你们看，在一望无际的田野上，一片麦浪，随风起伏，多么整齐，多么壮观啊。这是我现场拍的。”

同学们看着两张照片，对“齐”字有了更深的认识。

qí

其

像簸箕一样的用具——其

古代的“其”字，是个象形字兼形声字。

甲骨文的“其”字是典型的象形字，字形如同一只簸箕“bò ji”，稍有生活经历的人都见过这日常用具。它指一种铲状器具，用以收运垃圾，也指一种在农村较为常见的器具，用竹篾、柳条或铁皮制成，用时手握两侧，上下颠动，以便扬去糠麸或清除灰尘垃圾。远古祖先发明的这一用具，至今仍在发挥作用呢。“其”字的本义就是指“簸箕”。

金文的字形由甲骨文演变而来，它在下面加了个基座形的符号，类似于茶几板凳一类的支撑物，这样“其”字就变成了上面为形符，下面以“几”jī为声符的形声字，好似把簸箕放在茶几上的样子。

小篆的字形由金文演变而来，它在上面加了个竹字头，写作“箕”。隶变后楷书分别写作“其”与“箕”，本义都指“簸箕”。

“其”字是个多音字。当“其”字读作jī时，本义指“簸箕”。“其”字是“箕”字的祖先，是它的本字。“其”字的这个本义被后来创造的“箕”字所取代。

当“其”字读作“qí”时，假借指“第三人称的代词”，如其貌不扬、出其不意、独善其身。“其”字又作指示代词用，如其乐无穷、查无其事、不厌其烦。

“其”字有在句子中当虚词的用法，如其奈我何、舍我其谁；又假借指“无实际意义”，如不计其数、夸夸其谈；也作词尾用，如尤其、极其、何其。

“其”字也作姓氏用。

甲骨文

金文

小篆

其
隶书

其
楷书

下棋测字两不误——其

民国年间，南京夫子庙有位测字老头叫胡铁嘴，年已七十，以测字为生，也以测字为乐。

胡铁嘴测字摊上有桌椅，桌椅上除了茶壶和装字的布袋，还有一副象棋和一副围棋。没人来测字时，他便和人下棋取乐。

一天午后，来了个身材高大的中年汉子。他说走累了，口渴了，想借胡铁嘴的椅子歇歇脚，喝口茶，下盘棋，测个字。

胡铁嘴笑脸相迎，搬椅子、摆棋盘、倒茶水，请来人坐下，问："下什么棋？测哪个字？"中年汉子坐下，喝口茶说："下象棋吧，就测个'其'字。"胡铁嘴问："客官要测何事？"

大汉长叹一声，道："早年我家人丁兴旺，家大业大，如今家业衰落，只剩下兄弟两人了。我想问我未来可有好运？"

胡铁嘴走了一步棋，说："你要测的'其'字，下面加一'石'字，便是'围碁'之'碁'。此字恐你不识吧？字典上有。如'其'字旁边加一'木'字，便是'象棋'之'棋'。围棋子愈下愈多，而象棋子越下越少。今日你坐下要下象棋，你祖上家大业大，但家业和人口都日益见少，逼得你游走江湖，到处谋生了。"

中年汉子点头称是，并问："日后如何？"

胡铁嘴见他上衣是旧军装，知道他当过兵，便指指棋盘说："你家中已无牵挂，外出兴许能闯出点事业，这就好比小卒子过河，只能往前走了。"

中年汉子问道："能否重整父辈家业？"

胡铁嘴道："小卒子过了河，可以纵横行走，但只能一步一步走。你的未来，也只能走一步看一步，急不得，莫想一口吃成大胖子啊。"

中年汉子有点哀伤。胡铁嘴劝道："事在人为。你弟弟是你的好帮手。你要测的这'其'字是'共'加'二'为'其'，此乃'共有其二'。这'二'字在'共'字当中，正象征你弟兄二人在一起，不能分离，也不会分离。你俩共同努力，何愁没翻身之日？"

一席话，说得中年汉子热血沸腾，满脸红光。

qí

奇

甲骨文

金 文

小 篆

隶 书

楷 书

人骑在马上——奇

甲骨文的“奇”字，像人骑在马上，这是个会意字。“奇”的本义就是“骑马”。

金文和小篆的“奇”字相似，都是上下结构，也是个会意字。上面是个“大”字。“大”字在甲骨文中是个张开四肢的大人形状，是个象形字，它的本义是指“人”。所以“大”字用在“奇”字的上面，也作“人”字理解。

“奇”字的下面是“可”字，这是“马”字的变形体，在这儿作“马”字理解。因此，“奇”是“骑”的本字，其本义也是指“骑马”。后来假借为“稀罕、特殊、不平凡”等意思，如奇特、奇观、奇迹、奇异。当“奇”的本义消失后，小篆在“奇”字旁加个“马”字，专门造了个骑马的“骑”字，而“奇”字就专作奇怪的“奇”了。

“奇”，是出人意料、令人不测的意思，如奇计、奇兵、奇袭、出奇制胜、神奇。“奇”既然这样神奇，也就令人惊异、引以为奇，如让人奇怪、使人惊奇、好奇。

“奇”，也假借指单的、不成双的，跟“偶”相对，如奇数、奇蹄目，此时读“jī”。

对“奇”字的字形，也有人有不同理解，认为“奇”字是个上下结构的会意字。上面是个“大”字，这“大”就异于平常，不同一般，就很稀奇。下面是个“可”字，“可”就是允许、认可。认可这种不同寻常的“大”，就是稀奇，就是出人意料。这种解释，言之有理，也算是一家之言。

“奇”字也作姓氏用。

尴尬的“奇”字

宋朝末年，身为“太师爷”的贾似道专权误国，妄想篡位。

贾似道听说京城有一个术士善于拆字，便召来府中，随手写了个“奇”字，问他是吉是凶？

拆字先生想了一下，回答道：“太师爷的事情恐怕办不成功。‘奇’字上面是‘大’，下面是‘可’，从字形上看，这上面说它‘立’吧，又不‘可’；下面说它‘可’吧，上面又不‘立’，真是尴尬得很啊！”

贾似道听了，半天没做声。他认为，术士已猜出他的心思了，他要杀人灭口。

术士告辞后，贾似道立刻派了几名心腹在半路上将术士杀死。可他毕竟做贼心虚，犹豫不决，最终还是错过了篡位的机会，落得个被贬而死的下场。

跨坐在马背上——骑

qí

骑

甲骨文

小 篆

騎

隶 书

骑

楷 书

金文和小篆的“骑”字，是个形声兼会意字。“马”是形符，表示与马有关，“奇”是声符。

“奇”字，在古代是“倚”字的简省写法。“倚”有“依仗、仗恃”的意思，而人骑在马上，是倚仗马来行走，所以“骑”用“奇”作声符兼表意。

也有人认为，古代的“奇”字是由两部分组成，上面的“大”字像“人”，而下面的“可”字是“马”的形状。上面是“人”，下面是“马”，这本身就表示人“骑”在马上，因此认为“奇”字是“骑”字的本字。后来“奇”专门用作奇怪的“奇”，而另造了个骑马的“骑”。

“骑”字的字形由“马、大、可”三字组成，其中因“马”字简化而成现在的“骑”。

“骑”字的本义指“跨坐在马背上”，由此泛指“跨坐在牲畜或其他物体上”，如骑自行车、骑牛、骑驴、骑虎难下。

“骑”字由本义引申指“骑马的人”，如骑兵、骑士、轻骑、铁骑。

“骑”字也指“兼跨两边”，如骑楼、骑缝章、骑墙派。

东晋 · 王羲之《兴福寺断碑》

明 · 王铎《拟古帖》

“鬼子”称呼的来历——骑

中国和日本是近邻，隔海相望。在明朝和清朝时期，许多日本海盗乘船在中国沿海登陆，骚扰江苏、浙江、福建一带。我国古代称日本为“倭”，所以称这些海盗为“倭寇”。

到了近代，特别是抗日战争时期，日本侵略军在中国烧杀抢掠，无恶不作。中国人民对日本侵略军深恶痛绝，把他们比作魔鬼，称他们为“鬼子”。

“鬼子”的称呼，最早据说出自于一副对联。

1894年，农历为甲午年，中日间爆发了一场战争，史称“甲午战争”。在这之前的一年，清朝一位大臣出使日本，进行谈判。谈判结束后，双方联合举行记者招待会。日本人不但炫耀武功，还想在文化上羞辱中国。他们在会上挂出一条白绢，上面写着上联，要中国官员当场对出下联。上联写的是：“骑奇马，张长弓，琴瑟琵琶，八大王，并肩居头上。”

日本有许多汉学家，精通汉语。他们在上联中宣扬日本兵强马壮，骑千里马，张强弓，八个大王高高在上。

清朝大臣也不简单。他要日本人准备笔墨，铺上白绢，挥笔写出下联：“倭人委，袭龙衣，魑魅魍魉，四小鬼，屈膝跪身旁。”

这下联与上联针锋相对，指出倭寇是来偷大清帝国的龙衣，“大王”变“小鬼”，“并肩居头上”成了“屈膝跪身旁”。

此联一出，引起轰动，传到国内，从此，中国人不再称日本侵略者为“倭寇”，而改称“鬼子”。

qí

棋

甲骨文

小 篆

棋

隶 书

棋

楷 书

木制的文娱用品——棋

小篆的“棋”字是个左右结构的形声字兼会意字。左边的“木”字作形符，表示跟木料有关；右边的“其”字读“qí”，作声符并会意。

“其”字与“木”字组合，指一种木制的文娱用品。因是指木制的文娱用品，这跟“木”有关，所以古人用“木”字作“棋”字的形符。

古人为什么用“其”字作“棋”字的声符呢?

甲骨文的“其”字是个象形字，字形像日常用具的簸箕形状。小篆的字形承续金文，但在上面加了个“竹字头”，隶变后的楷书分别写作“其”和“箕”。“其”字的本义指“簸箕”，而簸箕是用竹篾等编成。棋盘上纵横交叉，如同竹篾，所以古人用“其”字作“棋”字的声符并会意。

楷书的字形由小篆演变而来，写作“棋”。“棋”字的本义指一种木制的文娱用品，如象棋、围棋、军棋、国际象棋、跳棋等。

围棋的棋子有用石料制的，所以汉字中有个异体字“碁”，与“棋”同源。我国战国时已有围棋，近代的象棋在北宋和南宋相交年间就有定制。跟“棋”相关的词有：棋谜、棋局、棋盘、棋谱、和棋、悔棋、盲棋、棋艺、棋子等。中国象棋、国际象棋、围棋等也是体育运动项目。

小神童以“棋”作诗

这里讲个跟“棋”相关的诗词故事。

唐朝有位诗人名叫李泌，据说他是位小神童，七岁便能写诗，且出口成章，才华非同一般。唐玄宗听说有这样的奇才，命人快快将他领来。皇上下旨，大臣风风火火赶到李家，将他带到皇宫，拜叩玄宗皇帝。

这时，玄宗正与当朝宰相张悦在下棋，见李泌来了，便放下棋子，跟他谈了起来。因是孩子，玄宗也不讲究君臣礼仪，随便跟他聊聊，想出个正式题目考考他。

玄宗指指桌上的棋盘、棋子说：“朕正在下棋，你就以‘方圆动静’为题作首诗吧。”年幼的李泌还是充满孩子气，只见他小嘴一抿，仰起头沉思了一会儿，伸出小手指，指着小桌上的棋盘和棋子吟道：

方如棋盘，圆如棋子。
动如棋生，静如棋死。

玄宗听了，抚掌称好。张宰相在一旁鼓励道：“皇上夸你哩，再接再厉，再来一首！”李泌毫不怯场，眯起眼睛，摇头晃脑，又吟出一首：

方如行义，圆如用智。
动如逞才，静如得意。

这两首四方诗，上一首写实物，写的是棋艺。第二首从人的品行道德和智慧才学，写到待人处世的态度，显然，第二首的意蕴要深刻得多。两首诗每句开头用的字，都跟玄宗命题所用的“方圆动静”四字对应。

玄宗很赏识李泌，十分喜欢他。后来，李泌长大成人，果然成为一位有学问的人，进入朝廷，官至翰林学士、宰相。

qǐ
乞

甲骨文

金文

小篆

乞
隶书

乞
楷书

向人讨取——乞

甲骨文的“乞”字是个象形字，字形像飘浮的云气一样。

金文的形体由甲骨文演变而来，小篆的形体由金文演变而来，都是三条略有弯曲的横线，像云气形。其实，甲骨文、金文及小篆的这个“乞”字实为“气”字，“乞”与“气”是同源字。为了分化之义，“气”字省去一横，简化作“乞”，用以表示“向人求讨”。《说文解字》中尚无“乞”字，因为当时“乞”字还未从“气”字中分化出来。由此可见，“乞”字最初是写作“气”字的，后来的《广韵》才收有“乞”字。

“乞”字的本义为“向人求讨”，由本义引申指“讨取”。如请求给予称“乞求”，向人要钱要饭等称“乞讨”，靠向人要钱要饭过活的人称“乞丐”，显出可怜相，希望得到别人的同情称“乞怜”，向人要钱要饭称“行乞”。

“乞”字由本义引申指“请求”。如向神佛求助，泛指乞求不可靠的帮助称“乞灵”；请求对方接受投降称“乞降”；请求援助称“乞援”。

“乞巧节”和“七夕节”

说起“乞巧”，得先说“七夕”。提起“七夕”，人们就会想到牛郎织女鹊桥相会的故事。说的是放牛郎从小父母双亡、嫂嫂不贤，因此他被迫分家，与老水牛相依为命。一天，天帝的女儿七仙女下凡，看上牛郎，便留在人间，与他结为夫妻。七仙女心灵手巧，善于织锦，故又名“织女”。婚后男耕女织，育有一儿一女，生活幸福美满。数年后，此事被天帝发觉，派天神将织女押回天庭。老水牛见义勇为，带着牛郎和一双儿女腾云驾雾，追赶织女。王母娘娘见此情景，拔下头上的金簪，在天空划出一条天河，将他们夫妻分离。此时，无数喜鹊飞来，搭成天桥，让他们夫妻鹊桥相会。王母娘娘无奈，只好允许二人每年七月七日夜晚在鹊桥上见一次面，这便是“七夕节”的来历。

这个传说，早在春秋战国时期就有了。楚怀王当初设置“七夕”，为的是祭祀牵牛星和织女星这两个星座，跟夫妻恩爱毫不相关。到了汉代，才变成牛郎织女的故事，“七夕节”成为一个属于妇女的节日。如东汉《风俗通》一书记载：“织女七夕当渡河，使鹊为桥。”

“七夕节”怎么会跟“乞巧节”联系上的呢？这里除了“七”与“乞”谐音之外，恐怕主要跟妇女有关。少女或年轻女子，要讨得男子的爱慕，除了身材苗条、面目姣好之外，恐怕还得心灵手巧、聪明伶俐，在日常生活中，要善于裁剪缝补，会做衣裳，至于纺纱织布，更是基本技巧。所以女子就一心想乞求一双与织女同样灵巧的双手。

于是，“七夕节”变成“乞巧节”也就顺理成章了。

qǐ
岂

金文

小篆

豈
隶书

岂
楷书

打胜仗奏的乐曲——岂

金文和小篆的“岂”字，跟后来的繁体字差不多，是个上下结构的形声字。上面是个“山”字，下面是个“豆”字，其形状像只鼓，上部是鼓上的装饰，中间像鼓面，下面像鼓架。

也有人认为，这是个竖着放的鼓，两眼平视着看，上面是鼓面，当中是鼓的圆腰，下面是鼓架。不管怎么说，这一字形表示一只鼓，本义是“军队打胜仗后，敲着鼓凯旋”。

“岂”字由这本义，引申指军队得胜归来所奏的音乐。后来出现的“凯旋”的“凯”。

“豈”字后来简化为“岂”，有人分析，这“岂”字也是形声字，上面的“山”作形符，下面的“己”作声符。“山”像古代鼓上的装饰，代表鼓。

“岂”字同音假借后，用来当作副词用，表示反诘，相当于“难道、怎么、哪里”，如岂有此理、岂但、岂敢、岂止、岂能不管、岂有他哉。

【瓦当欣赏】

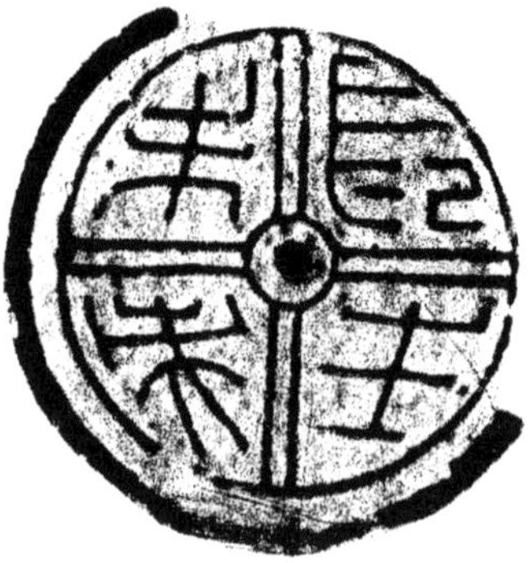
秦汉瓦当

山里出的豆——岂

有个成语叫“岂有此理”，其中的“岂”字，原写作“豈”，后简化为“岂”。说起这繁写的“豈”字，有个笑话故事。

从前有个私塾教书先生，自己没读几年书，又不谦虚好学，所以常读白字，人们背后喊他“白字先生”。

一天有个学生捧着本书，指着上面的“豈有此理”中的“豈”字问：“先生，这是什么字呀？”

白字先生毫不迟疑地说：“豆字。这不明摆着，是个豆字嘛！”

学生不理解，又问：“怎会是豆字呢？”

白字先生蛮不讲理地说：“秀才不识字，只要念半边。这一大半是豆字，我还会念错吗？”

学生怯生生地说：“我过去念的‘豆’字，上面没有‘山’字呀。这个‘豆’字上怎么会有个‘山’字呢？”

白字先生生气了，不耐烦地说：“你真‘豆’有此理。记住，没有‘山’字的豆，是平原种的豆。这个有‘山’字的豆，是山里长出来的豆。”

学生摸摸后脑勺，捧着书，半信半疑地走了。

唉，这个白字先生，真是误人子弟呀！

踮起脚后跟等待——企

qǐ

企

甲骨文

金 文

小 篆

企
隶 书

企
楷 书

金文和小篆的“企”字，是个上下结构的会意字。它的上半部是个“人”字，下半部是个“止”字。

古代的“止”字表示脚。“企”字中，这个人踮起脚后跟，伸长头颈在观望着、等待着。所以“企”字的本义就是“踮起脚后跟”。“企足而待”就是抬起脚后跟来等着，指事情、愿望等在不久的将来就能实现，也形容迫切地盼望。

“企”由踮起脚后跟这一本义转而引申为“仰望、盼望”的意思，如企图、企求、企待、企望、企及、企慕。

从事生产、运输、贸易、服务等经济活动，在经济上为独立核算的组织称“企业”。

有种生活在南极洲的水鸟叫企鹅，习惯于站着跳跃，行走时摇摇晃晃，停下时昂首张望，与“企”字字形所指的动作十分相似，用“企鹅”这个名称，真是再准确不过了。

东晋·王羲之《十七帖》

东晋·王献之《淳化阁帖》

宋·曾布《三希堂法帖》

明·金琮《三希堂法帖》

李嘉诚妙解“企”字

香港富豪李嘉诚先生十分重视人才。一天，他认识了一个刚从欧洲留学回来的博士，想请他到自己的企业工作。谁知博士婉言谢绝，说对做生意不感兴趣。

李嘉诚非常看好他，便耐心地劝说，但这个博士却一直不为所动。李嘉诚为此而闷闷不乐。

李嘉诚的一个朋友劝道：“博士多得很，以你的身份，何必苦苦求他呢？”

李嘉诚诚恳地答道：“‘企业’的‘企’字，上面是‘人’，下面是‘止’，如果缺少了‘人’才，那企业就会停‘止’不前，何况这个博士正是我所需要的，我为什么不能去求他呢！”

这些话传到博士的耳朵里，他再也坐不住了，最终答应了李嘉诚的请求，到他的公司任职，发挥自己的特长。

李嘉诚从大企业家的眼光出发，把“企”字折为“人”和“止”，认为缺少人才，企业就会停止不前。这和“企”字的本义有所不同，但这又是个多么精妙的解释啊。

qǐ
启

甲骨文

金文

小篆

啓
隶书

启
楷书

用手开门——启

甲骨文的“启”字是个左右结构的会意字。右边是“又”字，表示跟手有关，左边是“户”字，表示一扇门，合起来的意思是用手开门，本义指“开，打开”。

小篆的字形由甲骨文繁化而成，变成了左右结构的形声字兼会意字。右边的“攴”字是形符，这个字读“pū”或“pō”。在甲骨文中从“又”，像手持棍棒的样子，表示敲打。左边的“启”字是声符，读“qǐ”。这两个字形组合在一起，指“教育、开导”。因为古代的教育实行体罚，“攴”字也可理解为手执教鞭在教育孩子，而教育孩子就像打开一扇门一样，让他获得知识，明白道理。因为“启”有“打开、开”的意思，所以用来作声符并会意。

也有人认为，小篆的“启”字有两种写法。一是写作“启”，这是个会意字，由“户”字和“口”字组成，表示开的意思；另一种写作“啟”，这是个形声字，表示教导、开导。隶变后分别写作“启”与“啟”，简化后统一用“启”。

“启”字的本义指“用手开门、打开”，如启封、启门、启齿、启事、开启。

“启”字由本义引申指“开导、教育”。如使初学的人得到基本的、入门的知识称“启蒙”；启发提示，使有所领悟称“启示”；开导、启发称“启迪”。

“启”字由本义引申指“开始”，如启程、启动、启用、启运、启明、启航。

“启”字也作姓氏用。

调解员的“启”迪

启明星和应彩霞要办协议离婚。按程序，先得由办事处的婚姻调解员老启问明事由，作番调解，再考虑办手续。

老启是个年近六十的老头儿，快退休了，但仍坚守岗位。这是个幽默风趣、善解人意的老人。他一见启明星递上来的申请，就说开了：“哎呀，我的本家老弟呀！多大的事要离婚呀？”

启明星没吱声，应彩霞嚷嚷着：“我跟他合不来，没法儿过，离！”

老启说：“这话过头啦。他是启明星，你是应彩霞，天亮了出彩霞，跟得很紧嘛！”

两人不言语。老启欣赏着启明星的签名，连声赞道：“本家兄弟，你写得一手好字哇。”

应彩霞不屑一顾地说：“他就这点本事。那个女的就是跟他学书法好上的。”

老启心里有数了，问：“有证据吗？”

启明星说：“她瞎猜疑。人家开玩笑，发短信出个字谜让我猜，说是‘如出一口，自成一家’，她说这是暗号，说我跟人家是一口子，要成一家人。”

老启哈哈大笑：“笑话！笑话！我最爱猜字谜。这是‘启’字嘛，上面‘户’，下面‘口’，这就叫‘如出一口，自成一家’啊。”

应彩霞不依不饶：“我不信。他们要成一家，我就净身出户，另立户口……”

老启呵呵笑道：“啊，你脱口而出‘净身出户，另立户口’你口口声声，说的都是‘启’字呀。你话里尽带‘户’字和‘口’字，这两个字合在一起，不都是‘启’字吗？一家一口也是‘启’，你俩缘分未尽哩。你想立个户口容易吗？你说的那点儿误会容易解决呀。明儿请那发短信的女士到我这儿聊聊，看这个字谜究竟什么意思，问清了再说，好不好？”

应彩霞犹豫了。启明星不好意思地说：“大爷，你不启发我，这谜底我还猜不出来呢。”

qǐ
起

甲骨文

金文

小篆

隶书

楷书

举足站起来

小篆的“起”字是个形声字。走之旁为形符，表示与行走有关；“巳”字为声符，读“sì”。意思是举起脚站立起来或坐起来，特指“起床”。

也有人认为，“起”字是个形声兼会意字。“走”字是形符，“巳”字是声符，意思是指动身出发。要出发，就得迈开脚步走。又因为“巳”字表示“已经”，其中已包含“起”的意思，出发必动身，动身必起立，所以“起”字以“巳”字作声符并会意。后来“巳”字变成了“己”字。

“起”字的本义指“起床”，凡坐、卧、趴、伏、躺而站起来均为“起”，如起立、起来、早睡早起；也指离开原来的位置，如起身、起飞。

“起”字由本义引申指“开始、发生”，如起笔、起点、起家、起头、起跳、兴起、起用、另起炉灶。

“起”字由上义又引申指“长出”，如起泡、起痱子、起疙瘩；也指把收藏或嵌入的东西弄出来，如起货、起钉子、起赃。

“起”字还引申指“拟定”，如起草、起稿。

“起”字也指“发动、兴起”，如起兵、起事；也指“建立”，如起家、起伙、平地起高楼。

“起”字也作量词用，如一起事故、一起案件。

“起”字也作姓氏用。

巴县走狗——起

据野史记载，四川巴县有一段穷秀才怒骂贪官的故事。

据说明朝天启年间，四川巴县有个文书，名叫起敬。“起”字是稀姓，但巴县百姓对起敬却是无人不知，无人不恨。此人在县衙当文书，与县令狼狈为奸，沆瀣一气，行贿受贿，大肆搜刮民脂民膏，喂肥了几任县令，也养肥了自己。待到他告老退职时，已是腰缠万贯的大富翁了。

起敬花大把银子，在县城要道建了座豪宅。豪宅落成之日，起敬燃放鞭炮，大宴宾客，衙门同事、远近乡绅都上门祝贺。这时，有个众人不认识的秀才，亲自送来副对联，请人挂到大堂上——

邑悬起敬，
口心已文。

对联挂上后，这秀才转身就走了。宾客们仰头望着这副对联，有连声赞叹的，有摇头百思不得其解的。赞叹者说，这副对联是表现对起敬先生肃然起敬，把起敬先生看作本邑的光荣。更为感人的是，送这副对联的人是口心如一，写出此文。

起敬听了这番解释，乐得眉开眼笑。

人群中有个老先生，他将这对联揣摩了一番，认准这是副谜联。上联“邑悬起敬”倒没什么，但联系下联“口心已文”这四个字，可就大有名堂了。若把上联“邑悬起敬”四个字的部首“口心已文”去掉，岂不就是“巴县走苟（狗）”了吗?

老先生想罢，莞尔一笑，并不点破。他有意要让这对联多挂几天。三天后，“巴县走狗”之说，已是尽人皆知了。

天空飘浮的云雾水气

qì
气

甲骨文

金文

小篆

氣
隶书

气
楷书

甲骨文的“气”字是个象形字，字形像天上云雾和水气飘浮的形状，为三条长短不一的横线。金文的“气”字由甲骨文演变而来，三横略有弯曲，更显出云气飘浮的样子。小篆的字形由甲骨文演变而来，因其字形与数字“三”字相近，容易混淆，所以小篆“气”字的三横更显弯曲，隶变后写作“气”。后来“气”字被假借作“乞”。为使“气”字和“乞”字有明显区别，就在“气”字下加“米”字另造了个“氣”字，作为“气”字的正体。后来在简化时，将“氣”字作繁体字简化掉了，恢复了“气”字的本来面目，使“气”字成为规范字。

“气”字的本义指“云气”，如雾气、大气。由本义引申指“气体、空气”，如气流、气孔、气门、气焊、气垫、气窗、气泡、气球、打气、充气、毒气、煤气、氧气、透气、沼气、蒸气等。

“气”字由本义引申指“气息”，如气短、气喘、憋气、屏气、哈气、送气、吐气、气贯长虹等。

“气”字由本义还引申指“天气”，如气候、气象、寒气、节气等。

“气”字由“气息”引申指“精神状态”，如气概、气力、气魄、气馁、气色、气质、气势、傲气、胆气、豪气、锐气、神气、喜气、小气、丧气等。

“气”字由“精神状态”引申指“恼怒、使恼怒”，如气恼、动气、火气、生气、气话、气盛、气鼓鼓、气冲冲、气呼呼、气急败坏等。

气息·气概

无锡东门中学的杨老师，有一天讲解“气”字。在教学中，他侧重讲解字的形和音，对字义的分析，更多的是让同学们在阅读中、使用中去揣摩、把握、体验。今天，他选了“气息、气概”这两个关键词，让同学们举实例，谈体验。

杨莎莉第一个发言，题目是：“春天的气息”——

春节后我到乡下外婆家。早晨，我在山坡的小路上散步，这儿草木茂盛，我闻到了一股由泥土和青草混合的清凉味儿。这味儿从哪儿来的？我弯腰寻找，这时身后又传来细微的“嗞嗞声”，间或有泥沙滚落的“沙沙”声。我顺着声音找过去，发现一座小土墩表层泥土开裂了，里面细小的泥沙滚下来，一些鲜嫩的草根，从撑破的表层被掀翻在地。这小土墩里，好像有股热气往外喷涌。再细看，泥沙间渗出一滴滴清水，像珍珠似的掉在地上。细小的蚯蚓，还有不少小虫儿，浑身亮晶晶的，一个个兴奋得连滚带爬，奔向草丛。在温暖的阳光里，看着这景色，我感受到了春天的气息。

刘坤培接着发言，他讲的题目是“英雄气概”——

今年暑假，我是在苏北里下河农村我舅舅家度过的。那地方很偏僻，四周都是芦苇荡。每天，我跟着舅舅下荡捕鱼摸虾，别提有多高兴了。舅舅一条腿残疾，行动不便，所以只能做些手工活。平时他很少讲话，忙着编芦席、织鱼网、磨豆腐……

舅舅每晚磨豆腐，到深更半夜才洗澡睡觉。一天夜里，我睡得正香，忽然听到一阵敲锣声，有人大声喊：“失火啦，快来救火啊！”我朝窗外一看，只见远处火光冲天。忽然，我看到一道白影子从窗前闪过……

这场火灾是一户人家点蚊香引起的。在全村人奋力抢救下，火被扑灭了。我舅舅回来时，拄着木棍，飞快地钻进屋里。他站在堂屋当中，全身烟熏火燎，我再一看，他没穿裤子。当时他正在洗澡，听到救火声，什么也不顾，拄着木棍就跳出去了。舅舅站在堂屋里的样子，我终生难忘。因为这就是英雄气概，这就是英雄形象。

双手捧婴儿扔掉——弃

qì
弃

甲骨文

金文

小篆

弃
隶书

弃
楷书

甲骨文的“弃”字是个会意字。上面表示一个头朝上的婴儿，旁边的两点指的是婴儿刚生下时身上流下的胎液。中间是“箕”字，表示装婴儿的簸箕，下面是双手。这三部分综合起来，表示双手捧着簸箕，簸箕里装着个刚出生的婴儿。因这个婴儿难产不吉利，所以要将这个婴儿扔掉，意为扔掉初生婴儿。

金文的字形略有变化，省去了中间的簸箕，只留下上面的“子”字与下面的双手。小篆的字形承接甲骨文，而且复杂化。隶变后的楷书写作“棄”，如今用简化的“弃”。

“弃”字的本意指“扔掉初生婴儿”。由本义引申指“扔掉、舍去”，如被父母遗弃的小孩儿称“弃儿”，被丈夫遗弃的妇女称“弃妇”，放弃权利称“弃取”，扔在一旁称“弃置”，放弃学业称“弃学”，丢掉称“放弃”，鄙弃称“唾弃”。厌弃、遗弃、离弃、废弃、扔弃、丢弃、背弃、鄙弃、摈弃等词中的“弃”字都是指“扔掉、舍去”之意。

“弃”字与“后稷”的传说

古代的“稷”字指谷子或黍类，古人把它作为粮食的总称，是百谷之王。“稷”被帝王封为“谷神”，“社”为土神。土地和粮食是立国之本，所以合称“社稷”。“社稷”代指“国家、江山”，汉语中是“国家”的代名词。

“稷”字既是谷物的总称，又是个官职。古代，有人以分封地为姓，也有人以官职为姓，所以“稷”也作姓氏用。“稷”就是古代帝王喾（kù）的儿子“弃”。那么“弃”又是什么人呢？这里有段神话故事。

据《史记》记载，“弃”是周人的始祖。年轻时，他善于农耕，被舜帝任命为“后稷”，主管农业，人们便以官职称呼他，他以“稷”为姓。后稷的名字为什么叫“弃”呢？据说，后稷的母亲叫“姜嫄”，是有邰氏之女，成年后嫁给帝喾为妻。婚后，他们多年未生子，向上天祈求也毫无效果。一天，姜嫄在野外游玩时，见地上有巨人脚印，出于好奇，她将双脚踩在巨人脚印上，顿时，觉得腹中微微蠕动，她知道自己有孕了。经十月怀胎，姜嫄生下一怪胎，胎里包着一男婴。家人视为不祥之物，将他放进一个簸箕里，送到路边，想让往来的牛羊将他踩死。但牛羊绕道而过，没有伤害这孩子。家人又将他丢在河中的冰块上，想将他冻死。可是，天上却有成群的鸟儿飞下来，张开翅膀，为这孩子挡风御寒，保住了他的性命。这时，家人才意识到，这孩子大概是神仙转世，不该丢弃，便将他抱回家，精心喂养，将他抚养成人。因这是个差点被抛弃的孩子，所以给他取名“弃”。

儿时的弃聪明勤劳，喜欢在农田劳作，善于种植麻桑、豆类和各种禾谷，人们纷纷向他学习，他也热心传授给别人。舜帝知道后，就推荐他任“后稷”，“稷”就成了他的姓，“弃”字就成了他的名。“弃”字造字的意义与弃出生的传说很相似。有专家考证，古人造“弃”字，可能是受到这一传说的启发，可见，汉字与中国的历史演变及传统文化是一脉相承的。

无声或低声流泪哭泣

qì
泣

小篆的“泣”字是个左右结构的形声字兼会意字。左边的“三点水”指“水”，表示跟水有关；右边是“立”字，读lì，作声符并会意。

“立”字与“水”字组合，指“人无声或低声地哭而流泪”。因指流泪，这与泪水有关，所以古人用“水”字作“泣”字的形符。

古人为什么用“立”字作“泣”字的声符呢?

一般而言，真正的流泪哭泣是指人类。古代的“立”字，指一个人站立在地上不动之意。“立”字既表示站立的是人，也表示站立的地方，本义指“人站立不动”。因“立”字指人站立。而“泣”是人眼睛里流出的泪水，所以古人用“立”字作“泣”字的声符并会意。

楷书的字形由小篆演变而来，写作“泣”。

“泣”字的本义指“低声地哭”。如哭着诉说称“泣诉”；轻声哭称“哭泣”；一吸一顿地哭泣称“抽泣”；哭得喉咙哽住，出不来声音，形容极度悲伤称“泣不成声”。还有“可歌可泣”“向隅而泣”等词语。

“泣”字又引申指“眼泪”，如泣下如雨、饮泣。

泣
小篆

泣
隶书

泣
楷书

斗笠飘落在水边——泣

做梦是常有的事。有些美梦让人开心，有些恶梦常把人吓出一身冷汗。早在远古时代，先民们便对梦这一生理和精神现象展开研究。那时科学不发达，先民们把梦看作是人的灵魂离身外游，而这外游的灵魂是被鬼神指使的，由此而得出结论，梦是鬼神对梦者的启示，进而根据梦象来体察神意，并以此预卜未来的凶吉祸福。这么一来，专职的解梦师便应运而生了，逐渐地就形成了一种梦文化现象。

从中国的梦文化发展过程来看，占梦是最早发生的文化现象，它早于测字术很多年，因为只有在汉字由形成到相对成熟和固定后，才能拆解文字并以此预测未来。后来解梦和测字相互交叉，相互利用，常常是借梦来测字，也有以测字来解梦。因此占梦解梦的书中有不少是测字解字的故事。

清朝乾隆年间，苏州有个测字名家范时行，他不仅测字如神，解梦也是高手。据说吴江有个书生名叫李好古，此人钻研古籍，学有所长，但性格孤僻，不善与人交往，整日郁郁寡欢，愁眉苦脸。用现代话来说，他有自闭症倾向，也许患上了抑郁症。

这天，李好古来找范时行，请他解个梦。他说夜里梦见自己到苏州城外扫墓，当时下着细雨，他在一条小河边，见一女子，头戴斗笠，沿河而行，忽的一阵风吹来，将女子头上戴的斗笠吹落河边。他不知此梦是何意思，请范时行占断一下，未来吉凶如何。

范时行听罢，分析道："清明时节雨纷纷，出城扫墓，头戴斗笠不足为奇。从我测字解字的角度讲，你梦见这女子在河边走，是个'汝'字。'女'在水边嘛。'汝'者，是指你"。

李好古道："这我懂。后来这女子斗笠飘荡水边是何征兆呢？"

范时行叹道："先生，这我就得提醒你处处小心，防止祸患了。斗笠飘荡河边，是个哭泣的'泣'字。'笠'与'立'同音，水旁加'立'为'泣'。你清明祭祖而哭泣，这是常理，但梦中遇到'泣'字，这是不吉之兆，千万谨言慎行，小心小心！"

范时行这么一说，李好古的抑郁症更加严重了。

qì
器

金文

小篆

器
隶书

器
楷书

用犬看守——器

金文和小篆的“器”字是个会意字，它由“犬”字和四个“口”字组成。本义表示器皿、器具，如瓷器、陶器。后引申为生物的器官，如呼吸器官；又表示人的度量，如器度；他表示人的才能，如大器晚成；还表示重视，如器重。

为什么用四个“口”和一只“犬”这两个部分组合起来表示“器”呢？

四个“口”，表示日常生活用的器皿，诸如碗、碟、杯、盆之类。在远古时代，人们靠钻木取火、烧土冶陶，这些坛坛罐罐是生活中不可缺少的，得来很不容易，所以古人对这些器皿很重视。为防止损坏或被别人拿走，特地用一只犬看守。所以四周用四个“口”，表示有许多器物。中间一个“犬”，表示用来看守哭物。有些人往往把“犬”字写成“大”字。“犬”消失了，没有犬看守，“器”也就残缺不全了。

《木简》

汉《礼器碑》

唐·柳公权《玄秘塔碑》

宋·王之望《三希堂法帖》

只好都来守小狗——器

李老师和老伴同时退休，过起了安闲舒适的生活。儿女各自成家，不住在一起，两个老人不免有点儿寂寞，便养了一条小狗解闷。这小狗颇通人性，深得李老师和老伴的喜爱。

不久，儿子和女儿各生了个孩子，都把自己的宝贝疙瘩送到李老师家来。老夫妻俩，加上孙子和外孙女，人口翻倍，成了四口之家，外加一条狗，家里顿时热闹起来。

两个小孩跟狗玩熟了，变得形影不离。每到星期五傍晚，儿女们来团聚，然后把孩子接回家去住两天。但每次总是闹得哇哇大哭，两个孩子不愿回家，因为他们离不开小狗。小狗呢，也离不开两个小孩子。孩子一走，小狗就烦躁不安，汪汪乱叫。没办法，儿女索性打地铺，住在父母家，八口人，共享天伦之乐。

吃罢晚饭，两个孩子跟小狗玩得很开心。李老师也很高兴。他看着眼前情景，编了个字谜，让儿女们猜。

谜面是：

平时家有人四口，养着一条小狗狗。
两口走开哇哇哭，只好都来守狗狗。

儿子和女儿大眼对小眼，想了半天，又翻了字典，仍然猜不出。

李老师说："好好想想吧。"说罢，悄悄碰碰老伴，在手心写了个"器"字。

【瓦当欣赏】

qiǎ

卡

不上不下卡在中间

“卡”字是个会意字，上半部是个“上”字，下半部是个“下”字，中间共用一个“一”字，意为上不上，下不下，夹在当中，不能活动。

也有人认为，“卡”字是。由“上”“下”二字共用“一”字而组成，“上”字得到这“一”字为“上”，“下”字得这“一”字为“下”，含有上下由此“一”而成之义。由此比喻“设在交通要道或险隘地方以示警戒或收税的岗哨、检查站”。这一说法认为，“卡”字的本义指“设置在交通要道上的检查站或收税的关卡”。

从字形字义上分析，第一种说法较为合理。后一种说法不能令人信服，这种说法所得出的结论，只能是“卡”字本义的引申义，而不是本义。因为本义是“被卡住，不能动了”。而“关卡”的目的就是将其“卡”住，不让其通过，这正是“卡”字的引申义。

“卡”字的本义指“不上下不被卡在中间”，如鱼刺被卡在喉咙里了，子弹卡壳，卡脖子。

“卡”字由本义引申指“关口”，如关卡、哨卡、税卡、卡子；由本义又引申指“夹东西的器具”，如卡盘、卡子、发卡。

“卡”字是个多音字，读作“kǎ”时，又引申指“不发给，拦住”，如卡住敌人的后路；又假借指“记录资料等的纸片”，如卡片、户口卡、资料卡、工资卡、银行卡等；还假借指热量单位，如大卡、千卡。

小篆

卡

隶书

卡

楷书

上下“卡”子

古往今来，在成千上万对联中，有些对联相互模仿，十分雷同，有的几乎相同，但读来仍然各有各的味道，各有各的妙处。

湖南长沙望城区有个小镇叫“水砚口”，这儿是水陆交通要道，自古以来就是个繁华的地方。据说，当地的客运码头上有座牌楼，两旁石柱上刻着一副对联：

岳麓山，山山出小大尖峰，四维羅绕；
水砚口，口口回上下卡道，千里重关。

这是副拆字联。上联“山山”二字组成“出”字，“小大”二字组成“尖”字，“四维”二字组成繁体字“羅”字。下联“口口”二字组成“回”字，“上下”二字组成“卡”字，“千里”二字组成“重”字。这副对联还用了连珠（山，山；口，口）和叠词（山山，口口）手法，上下对仗，一气呵成，十分有趣。下联中的“卡”字，应读作“kǎ”，有“拦住，卡住道路”的意思；“重”字应读作“zhòng”，指这里是重要的关口。

相传清朝末年，太平天国有支败军逃到湖北七果山一带。清军在曾国藩率领下，驻扎在老河口，将其团团包围。据民间传说，两军将士各不相让，在阵前互出对联，各显斗态，以示必胜的信心。

七果山，山山出小大尖峰，四维羅列；
老河口，口口回上下卡子，千里重围。

这副对联，其用词与格式，与前一对联大致相同。所不同的是，这副对联下联中的“卡”字应读作“qiǎ”，这儿的“卡子”是名词，指的是“关卡”。此外，这下联中的“重”字应读作“chóng”，表示“重复”，一层又一层地层层包围，这就是“重围”。

这两副对联，看似相同，但因为“卡”与“重”这两个多音字读法不同，其含义也就大不一样了。至于是谁模仿了谁，那就说不清了。

qiān
千

甲骨文

金 文

小 篆

隶 书

楷 书

十百为一千

甲骨文的“千”字是个独体字。但细究起来，它是由“十”“人”二字构成。在甲骨文中，“千”字上方是个“人”字。金文“千”字下面仍是“十”字，但上方的“人”字形不见了，简化为箭头方向的三角形。小篆的线“千”字条化，已看不出甲骨文所表达的原意。

“千”字的甲骨文上方“人”字，下面“十”字是什么意思呢？这“人”字指“人寿百年”，人能活一百岁，当视为极点，不能再多了。这“人”字就是用来表示“活一百岁”。一人为百，十人当然就是一千了。所以甲骨文“千”字的意思指“十百”，“十百”为一千。

金文的字形由甲骨文演变而来。楷书的字形由小篆演变而来。“千”字的本义指数目字，是百的十倍，如千斤、千卡、千克、千米、千瓦、千万、千岁、千秋等。

千字由本义引申指“很多”“极多”，如千山万水、千姿百态、千夫所指、千古流传、千里马、千里眼等。

“钱夫子”和“千夫子”

我们在讲汉字故事时，提到不少因汉字的谐音或避讳而造的冤案，这是一种类型。但也有不少人，会借汉字的谐音，给自己取个笔名发表文章，或取个化名，向有关部门投诉，表达自己的要求或不满。也有的，在诉求信中不直接点出人的姓名，而是用相关谐音写来暗示。还有的人，行事低调，做了好人善事不张扬，隐姓埋名，取个谐音字作形式……这类事名目繁多，不一而足。

十年动乱期间，发生了一件大案，上面下令彻底追查，捉拿案犯。

原来是有人向中央有关部门写信，揭发旗手江青的丑恶历史，署名“千夫指”，寄发地是上海。

这虽然是封匿名信，但“千夫指”三字表明了写信者的立场和观点。“千夫所指”，表达了他对江青之流的愤恨和不耻，所以引起了江青一伙的惊恐，一定要抓到这“千夫子”。

办案过程，是绝对保密的，时至今日，也未解密。但有一段花絮，却在一次酒桌上说笑时，被人无意中抖了出来。

却说上海文化界有位钱老先生、知识渊博，对上海的文人、艺人接触颇多，交友甚广。钱老先生为人谦和，举止文雅，加之他又年长，同事们都称他“钱老夫子”，也有简称“钱夫子”。就这简称，让钱老先生落入了办案人员的视野，成了重点调查对象。

钱老先生入围，恐怕首先在于他是上海文化名人。不是上海文化名人，何以了解江青当年在上海那段历史？其次是他的雅号“钱夫子”。这三个字正巧与“千夫子”谐音。

在酒桌上，钱老先生听了这段旧闻，真有点后怕呢。

qiān
迁

金文

小篆

遷
隶书

迁
楷书

向高处移动——迁

小篆的“迁”字原先写作“遷”，这是个左下半包围结构的形声字兼会意字。左下方的“走之旁”原先是“辵”字，读“chuò”，表示在大街上行走，作偏旁时写作“走之旁”，在这儿作形符，表示跟行走有关。“遷”字右上方的“䙴”字读“xiān”，作声符并会意。

“走之旁”与“䙴”字组合，指“向高处移动”。因是指向高处移动，这有行走之意，所以古人用“走之旁”作“遷”字的形符。

古人为什么用“䙴”字作“遷”字的声符呢?

小篆的“䙴”字表示升高，指人升天成仙而去。隶变后的楷书写作“僊”，后俗体字简化为“仙”，从“人”从“山”，指人进山后修行成仙之意，如今“仙”字成为正体字。因“䙴”字指“人爬到高处取鸟窝”，这也有升高之意，再加上得道成仙升天，更具有“上升、升高”之意，所以古人用“䙴”字作“遷”字的声符并会意。

楷书的字形由小篆演变而来，写作“遷”，现简化为“迁”。

“迁”字的本义指“向上移动”。后来本义引申泛指“移动、搬迁”，如迁移、迁居、迁都、迁徙、乔迁、升迁。“迁”字由本义引申指“改变”，如变迁、事过境迁、情随事迁、迁怒于人、迁就。

“迁”和“孟母三迁”

西汉有位经学家、文学家名叫刘向，他写了本书《列女传》，其中有一篇写的是孟子母亲的故事。

孟子本名孟轲，是战国时期的思想家。他的祖先是鲁国公族，邹人，即今日山东邹县东南一带人。他是孔子儒家学说的继承人，所以后世将儒家学说称为“孔孟之道”。孔子被后世尊称为“圣人”，而孟子则被称为“亚圣”，是仅次于孔子的人。

孟轲的父亲去世得早，母亲倪氏是个知书识礼又十分坚强的女性，她决心要把独生儿子培养成为一个栋梁之材。

孟家祖屋原在马鞍山脚下，即今日山东邹城北二十里一带，山脚是一片墓地，时有送葬的人进进出出。儿童喜模仿，村中小伙伴们聚在一起就喜欢学送葬人哭哭啼啼，以此取乐。孟母看在眼里，觉得住在这儿对孩子的身心健康不利，便决定搬家。她经一番寻找，费尽周折，把家迁到了十里路外的庙户营村。

庙户营村名称虽是“村”，其实是个热闹的小镇。每逢双日，周围乡民都到这儿赶集，一个个肩扛手提，赶着牛车马车，运来各自的农副产品进行交易，还牵着猪羊鸡鸭到这儿做买卖。众人在一起讨价还价，争吵不息。孟母心想：孩子在这种环境下成长，势必会养成投机取巧、斤斤计较的市侩习气。住了几个月，孟母又准备第二次迁居。

这次，孟母吸取了教训，经多方寻找比较，将家迁到了邹城学馆附近。这儿环境安静，房屋虽破旧，但进进出出的都是文雅有礼的读书人，他们的言行给附近住户的孩子们起了潜移默化的影响。孩子们学着这些书生相互谦让，彬彬有礼的举止；学他们轻声慢语，与人讲话时的口气；学他们扶老携幼，待人接物的行为……

无形之中，孟子渐渐学会了待人处事，学会了刻苦好学，最终成为一代“亚圣”。

后人用“孟母三迁”作成语，来称颂贤母教子有方。也作“三迁之教”“孟母择邻”“孟母三徙（xǐ）”。这些成语，都是指家长教子有方。

qiān

骞

骑马出塞，骞翥而去

对“骞”字，人们用得很少，知之不多。这个字作姓氏用，也作人名用。最出名的，当数距今两千一百多年西汉汉武帝时期的外交家、探险家张骞了。

对“骞”字字形的解释，一些字典辞书和相关著作都忽略或回避，未予收录。但有位专家的解读十分精彩，富有想象力，也极富文学性。他认为：“骞”字是个会意字，上面的字形是“塞”字简省的写法。古代的“塞”字，有堵塞阻隔之义，指边境上的险要防守阵地，称之军事“要塞”。“骞”字下面的“马”字指战马、骏马。

“马”字与“塞”字相组合，用八个字的诗句概括，便是“骑马出塞，骞翥而去”。这里的“骞”有骑马出塞之义。“翥”字读“zhù”，指鸟向上飞。“骞翥而去”，就是形容骑马如鸟儿一样，飞奔而去。在这儿，突出了“骞”字“高举、起飞”的本义。这也难怪人们要用“骞”字作自己的名字，寄托自己的雄心壮志了。而千古闻名的大外交家、大探险家“张骞”以“骞”字为名，那真是当之无愧，流芳百世了。

也有人认为，古代的“骞”字是个会意字。上面的字形是“寒”字简省的写法，表示天气十分寒冷；下面的“马”字表示马腹低陷。因天寒、万物萎缩，马腹低陷也有萎缩的意思，本义指“马腹低陷”。但“骞”字在古代常用的是“高举、起飞”之义。若“骞”字的本义是“马腹低陷”，又是如何变为“高举、起飞”的？张骞会用“马腹低陷”作自己的大名吗？这令人深思。

小篆

骞

楷书

宰相头，骏马尾——骞

民国年间，无锡洛社有位教师名叫张虔，他无师自通，看些《测字秘诀》等古书，竟学会了测字。他听人说，南京夫子庙文德桥摆测字摊的胡铁嘴，测字功夫甚是了得，他决定先去拜访他，看他功夫究竟如何，以便心中有底。张虔到了南京，直奔夫子庙，来到文德桥。

张虔早已准备好试题，不用胡铁嘴拿字袋，便说："老先生，请测个'钱'字，看我此生运道如何？"

胡铁嘴打量他一眼，提笔写个"钱"字说："'钱'字是一金二戈。金者，贵也，当今之世，战乱不断，干戈相斗，但先生气色颇佳，且有为人师表之相。'钱'中有金，你虽不大富，但衣食无忧，将来会有贵人相助，更上层楼。"

张虔听了，觉得胡铁嘴讲得滴水不漏，但又似是而非。仅凭脸色气质，也看得出自己不是农夫商贩，故而尽往好处说。想罢，他又改口道："老先生，我要测的不是'金钱'的'钱'字，而是'乾坤'的'乾'字。"胡铁嘴提笔写了个"乾"字说："这'乾'字也是好兆头啊。此字左边双十共日，世道也会有变，乾坤也会颠倒。这'乾'字右侧为'乞'字，'乞''求'二字同音同义，'乞求'一词也是求得之义，先生知书识理，精明强干，想必在这乱局中也会找到新出路。"

张虔听了，心中一惊。他又说："老先生，我不测'乾'字，为我测个'骞'字如何？"

胡铁嘴提笔写了个"骞"字说："这'骞'字更好啦，宰相头，骏马尾，从字形上看，是塞上纵马，一日千里，先生前途未可限量呀。此字用的人不多，只有汉代两次出使西域的张骞，才配得上用这个字。"

张虔被说得无言相对。胡铁嘴却写了个"虔"字说："先生何不再测个'虔'字呢？此字虎皮文心，外表虎气生生，内心文情并茂。你今日让老朽连测几个字，恐意不在测字，而是以文会友，与老朽交流交流测字之道，我正求之不得呢……"

张虔听了，羞愧难言，心里只有一句话：山外有山，天外有天，这样的测字功夫，可望不可即，我还是打道回府，安心教书吧。

脚在船上，不行而向前

qián

前

甲骨文

金文

小篆

前

隶书

前

楷书

甲骨文的“前”字是个上下结构的会意字。上面是个“止”字。古代“止”字为左脚，因人走路停步大多停在左脚，所以为“止”。“前”字的下半部分是“舟”字，“舟”就是小船。意思是脚在船上，不行而进，因为船随着河水不断向前进。“前”字的本义是“向前进”。

金文的字形由甲骨文演变而来，小篆的字形由金文演变而来，大体与甲骨文相似。

楷书的字形由小篆演变而来，写作“前”。

“前”字的本义指“前进”，“停滞不前”“畏缩不前”中的“前”字都是指向前。

“前”字由本义引申指“在前面的”。如前途称“前程”；在前面引路的人或事物称“前导”；因额在头的前部，故称“前额”；先头部队称“前锋”。前后、前脚、前线、前例、前台、前卫等词中的“前”字都是指在前面的。

“前”字由“在前面的”又引申指“次序和时间在先的”。如同行中年长的或资历深的称“前辈”；去年的前一年称“前年”。古人、以前的人称“前人”；迷信指人生的前一辈子称“前世”。还有前夫、前夕、从前、史前、战前等词中的“前”字，都表示由时间在先或次序在先而定。

“提前”和“提钱”

在日常生活中，人们常利用谐音来抨击和讽刺生活中的丑恶现象。如多年前流行的“跑部钱进”这句话，就是借“跑步前进”一词，谐音讽刺了某些地方为了一己之私，不惜拉拢腐蚀相关部门的干部，以金钱开道，获取利益。这句话随着反腐倡廉的深入开展，现已销声匿迹了。但有些人，还在偷偷摸摸地干这种勾当。

据说某省城有家重点幼儿园，规模设施达到国际水平，师资力量堪称一流，但名额有限，要想进园，比登天还难。

谁不想把自己的宝宝送进高贵的幼儿园啊，于是家长们各显神通，千方百计要往里面钻。有需求，就有市场；有市场，就有掮客。我们要说的这“掮客”，就是这家幼儿园的总务处处长老张。几年来，幼儿园有个不成文的规矩，为了张处长与外面打交道方便，每年分给他五个名额，由他处理。老张除了手里这五个名额，每年都能帮亲朋好友解决十来个孩子入园的问题。

某出版社申总的孙子要进园，托朋友请老张帮忙。老张传出话来：“提前来打招呼，否则难办。”

申总不敢怠慢，在大饭店备了一桌酒席，请张处长赴宴。张处长赏脸，来了之后，寒暄了几句，坐下喝了几口酒，中途退席了，说还有另一场酒席等着他。

申总很纳闷，又很失望，他打电话问朋友，张处长为何什么话也没说就退席了？朋友问他：“你送红包了没有？”

申总说：“没有呀，他只要求我提前打招呼，今天我就是提前打招呼呀！”

朋友听了，气得连声责怪他：“你真是个书呆子。他说的‘提前’，不是时间上提前，是要你提着人民币来打招呼呀！”

可怜的申总，一辈子跟文字打交道，却没听懂这谐音！

qián

虔

老虎行走的样子——虔

金文的“虔”字是个会意字。上面是个“虎”字头，字形像老虎的头部；下面是个“文”字，表示老虎行走时留下的足迹。这两个字形结合在一起，表示老虎行走的样子。老虎走路，民间称之为“虎步”。

小篆的字形由金文演变而来，变成了一个内外结构的形声字兼会意字。外面是“虎”字头，作形符，表示跟老虎有关；里面的“文”字作声符。

古人为什么用“文”字作“虔”字的声符呢？因为老虎最突出的是虎头，还有它身上的斑纹，这一身斑纹，体现出老虎的威严，以此来表现老虎行走时的样子，显得很突出。也有人把“文”字当作老虎走过时留下的足迹，虎的足迹看上去也像花纹，这也有道理。

“虔”字的本义指“老虎行走时的状态”。虎是百兽之王，它的仪态威严又极有气势，很容易使人产生敬畏之心。“虔”字又引申指“面对威严的人物肃然起敬”，所以“虔”字表示恭敬而有诚意，这就是我们常说的“虔诚”；恭敬称“虔敬”；虔诚的心称“虔心”。

金文

小篆

虔

隶书

虔

楷书

老祖母的“虔”诚

无锡梁溪谜语研究会的同人聚会时，谜语并不是唯一的话题，但话题往往由谜语引起。这次周其良以一字谜“王”字，要小陶猜一字，小陶愣了半天没猜出。赵纪方出来解围，“老虎脑门上有个‘王’字形的条纹，此为‘虎头文’。‘虎’字头下一个‘文’字，不就是‘虔诚’的‘虔’字嘛。”

马汉文却把话题岔开了：“说到虔诚，我们恐怕都缺少虔诚之心吧？”

小陶不服气地说：“我虽然文化底子薄，但对汉字怀有虔诚之心。”

老马呵呵笑道：“我说出来你别生气，你对汉字的虔诚，还及不上我那不识字的老祖母呢。”

老马见小陶歪着脖子，依然不服气，便讲起了童年往事：“儿时八十五岁的老祖母为我揩屁股，好不容易找到一张纸，她必定拿到阳光下正反两面照照，确认没有一个字了，才拿来当手纸。老祖母不识字，但凡是有字的纸，她都精心保存。她怕别人糟踏这些有字的纸，就集中起来，在观音菩萨像前烧了，嘴里还念念有词。像她这样的老人多着呢。他们把有字的纸看得很神圣，还能说出‘惜字纸’这个文绉绉的词来。珍惜有字的纸，成了他们的共识，养成了习惯，并成为他们的信念。他们敬重的是纸上的‘字’，这些字是不容亵渎的，他们对字奉若神明。你可以怀疑他们的愚昧，但你不能贬低他们的虔诚。”

小陶听了，连连点头。但他又提出个怪问题：“‘虔’字这么高贵又神圣，为什么会跟‘虔婆’这种不正派的妇女联系起来呢？”

老马取来一本书说：“我查了资料。古代妇女地位低，常受歧视。宋朝元朝时，人们把行为不正派的妇女称为‘虔婆’。这恐怕是有些方言中的‘虔’字与‘贼’字意思相同，‘虔婆’就是‘贼婆’。也有专家认为，‘虔’字由‘虎’字和‘文’字组成。外面是令人敬畏的虎皮，里面是文章满腹的花花肠子，这种人做起事来，从善时，敬而虔诚；从恶时，口甜心毒，就成了虔婆。”

对老马最后这番引论，在座的都认为，这只能算一家之言。

qián

钱

古代像铁铲的农具——钱

古代的“钱”字，是个左右结构的形声字兼会意字。左边的金字旁是形符，表示跟金属有关。右边的“戋”字是声符，读“jiān”。这两个字形组合在一起，指古代的一种挖土的农具，形状像铁铲子。这铁铲子是金属制成的，所以“钱”字以金字旁作形符。

古人为什么用“戋”字作“钱”字的声符呢?

甲骨文的“戋”写作“戔”，这是个会意字。“两个“戈”字，表示残杀之意，这是最早的“残”字，本义指“残杀”。由“残杀”引申指“残余、铲除”，又引申指“细小、很少”，还引申指“伤害、残缺”。“钱”这种铲土的农具在铲土时，先把土变成小块，然后再铲起来。而“戔”有使其变小变碎的意思，所以“钱”字用“戔”字作声符并会意。小篆的字形由金文演变而来，隶变后的楷书写作“錢”，后简化为“钱”。

“钱”字的本义指“古代挖土的农具铁铲”。因古代所铸的货币其形状像钱，所以“钱”字借用指货币，如钱币、钱包、钱财、钱钞、钱粮、本钱、工钱、古钱、花钱、价钱、捐钱、利钱、敛钱、零钱、赔钱、赏钱、省钱、挣钱等。

“钱”字由货币又引申指重量单位，十钱为一两，十分为一钱，一两等于十钱，一市钱合五克。

“钱”字也作姓氏用。

錢
小篆

錢
隶书

钱
楷书

银行行长谈“金钱”

无锡梁溪谜语研究会的市民讲座，一日请来钱行长谈股市和理财。钱行长知识渊博，谈吐幽默风趣。他按谜语研究会讲座的老规矩，先从汉字讲起，然后由浅入深，讲货币、谈金钱——

俗话说无巧不成书。我姓钱，偏偏当了管钱的银行行长，今天又邀我来谈金钱。这个“钱”字不好谈哪。说它好吧，可以爱钱如命；说它不好吧，也可以视如粪土，骂它是万恶之源。

繁体“钱”字，左边“金”字，右边两个“戈”字。“金”字不仅仅指金属，还指五金之首的黄金。黄金是黄色、质软的贵金属，它稀少贵重。物以稀为贵，古人就拿它来作为“钱”。

“钱”是什么？钱就是货币。最早的上古时代，就是炎黄神农时代，就有了以物换物的集市贸易活动，例如拿一头羊换两头小猪。后来为了交换方便，出现了货币。货币要用稀罕贵重的东西才行，那时人们居住在中原地带，远离大海，贝壳是稀罕之物，就把贝壳当宝物，所以汉字中的“贝”字有宝贵、贵重之义，成了货币、金钱的标志。顺便说一下，甲骨文的“贝”字是个象形字，字形像张开的蛤贝形状。金文大致相同，小篆使其整齐化就不大像了，隶变后楷书写作“貝”，如今简化为“贝”。我们知道，到了黄帝时代，冶炼技术发达，人们制成了青铜，便以青铜为货币。再往后，人们发现黄金更贵重，于是就用它来作钱，黄金成了硬通不变的货币，全世界流通使用。

“钱”字右边是两个“戈”字，这“戈”字指“武器”。见“金”动“戈”，为了争夺“金钱”打起来了。“钱”这个东西，是引起人们贪婪、残杀的一大根源。古人说：“白酒红人面，黄金黑世心。”见钱眼开，认钱不认人；“贝”字当头，要钱不要命，要钱不要脸，那就成了“贱人”。正因如此，古人，特别是自以为清高的文人，就瞧不起金钱至上的人，他们视金钱为粪土。对此，应该有两种解释。一是不能为金钱而作恶，二是深刻地指出了金钱的作用。金钱的作用在于将物品转化为商品，再将商品转化为消费。消费完了，商品变成垃圾，不就是粪土了吗？

草木出土向上长——乾

qián

乾

小篆的“乾”字是个左右结构的形声字兼会意字。左上方是个“倝”字，这个字读“gàn”，作声符并会意。右下方是“乙”字，作形符，表示跟草木生长有关。

“乙”字与“倝”字组合在一起，指“草木出土向上长”。“乙”字在甲骨文、金文和小篆中都是象形字，字形都是相同的，都像植物破土而出时的萌芽形态。只是甲骨文细点儿，金文粗体化、小篆整齐化。

“乙”字的本义指植物弯曲生长的样子，所以古人用“乙”字作“乾”字的形符，以突出“植物破土而出”。

古人为什么用“倝”字作“乾”字的声符呢？

小篆的“倝”字是个左右结构的形声字兼会意字，本义指太阳初升时，霞光闪耀。这跟“朝”字有相似的意思，所以右边的形符相同。因“倝”字指日出时光芒上射，这与草木生长有如光芒上射是一致的，所以古人用“倝”字作“乾”字的声符并会意。

楷书的字形由小篆演变而来，写作“乾”。

“乾”字的本义指“草木出土向上长”。

“乾”字由本义假借指“八卦之一，代表天”，如“乾坤”。

旧时用“乾”指男性的。如：“乾造”指婚姻中的男方，“乾宅”指婚姻中的男家。

“乾”字是个多音字，当读作“gān”时，指“干湿”的“干”字的异体字。因为在“乾”字中，声符“倝”就读“gàn”，只是右边的人爬到上面成了个卧着的小人儿了。

“乾”字也作姓氏用，读“qián”。

小篆

乾

隶书

乾

楷书

代“乾”坤壮色

清末民初民族英雄林则徐，出生在福建闽侯官僚地主家庭。他父亲名叫林宾日，是秀才出身，很有学问。他很重视对孩子的教育，亲自教林则徐读书识字。四岁时，就搀着他到私塾跟大孩子们一同学习。林则徐聪颖过人，加之勤奋好学，从小便有小神童的美名。据说，他特别喜欢对对子，而且应对快速，出口成章。

有一天，母亲给林则徐做了一张圆圆的大饼，他揣在胸前吃。父亲手捧茶壶在一旁喝茶，茶杯上画着太极图案。父亲将茶杯举到林则徐眼前，出了个上联：

杯中含太极

林则徐看了看，心领神会，他用手拍拍怀里的大圆饼说：

腹内孕乾坤

父亲追问道：“乾坤是什么？”

林则徐指着大饼说：“这两张圆圆的大饼，这不正像乾坤吗？我吃了大饼，就要酝酿国家大事啊。”父亲听了，乐得哈哈大笑。

这年除夕，父亲为左邻右舍写了不少对联。到为自己家写春联时，夜已很深了。这时有人已放起了鞭炮，擂起了大鼓。父亲听了，有感而发，挥笔写出了上联：

新春雷未响，擂三通鼓，替天地扬威

写罢，不知是才思枯竭，还是实在太累了，一时写不出来，父亲便提起灯笼，外出看看，打算回来再写。

父亲回来一看，林则徐已写好了下联：

除夕月不明，点数盏灯，代乾坤壮色

父亲一看，大为赞赏。父子俩拿起对联，提起糨糊，出去贴对联去了。

张大嘴巴打呵欠

qiàn

欠

甲骨文

金文

小篆

欠
隶书

欠
楷书

甲骨文和小篆的“欠”字，都像一个人张大嘴巴在打呵欠，气从口中吐出来。这是个象形字，其本义就是指“打呵欠”。

人在疲劳打呵欠时，往往会同时伸伸懒腰，以便调剂精神。这样，“欠”字就由原来打呵欠的意思，引申为身体一部分稍微向上或向前移动的意思，如欠身。

“欠”字由本义引申指“借人家钱物，该还或该给的没给”，如欠款、欠账、欠债；又引申为“不够和缺少”，如欠缺、欠妥、欠佳、欠礼。

明・王铎

明・宋璲《停云馆法帖》

转弯抹角说“欠”字

宋朝宝元年间，长沙有个叫李仁的人，在外乡当县署文案。一天，有个老乡来拜访他，临走时，李仁陪他去街上南货铺里称了几斤荔枝，以作薄礼相赠。

南货店老板知道李仁穷得叮当响，开玩笑地说：“你是付现钱呀，还是让我的伙计到府上支？”

李仁当着老乡的面不好直说，就笑着回答：“说个字你猜一猜。‘添土路不平，逢哥成曲调，开口就有风，见谷就想要’。”

老板一听，立刻猜出这个字是“欠”字，但他不好当面说破，只得连声说好。

不难看出，这“添土路不平”是个“坎”字，“逢哥成曲调”是个“歌”字，“开口就有风”是个“吹”字，“见谷就想要”是个“欲”字。这四句说的就是个“欠”字。

阻断交通的壕沟——堑

qiàn
堑

小篆的“堑”字是个上下结构的形声字兼会意字。下面的“土”字是形符，表示跟土地、泥土及道路或地面有关；上面的“斩”字读“zhǎn”，作声符并会意。

“斩”字与“土”字组合，指“阻断交通道路的壕沟”。因是指阻断交通道路的壕沟，这跟土地和泥土有关，所以古人用“土”字作“堑”字的形符。

古人为什么用“斩”字作“堑”字的声符呢？

小篆的“斩”字是个会意字。左边是“车”字，右边是“斤”字。“斤”字表示斧头；“斤”和“车”组合，指“用斧子砍木头做车子”。本义为“伐木做车”。后引申指“砍伐”，又引申指“砍头”“砍杀”，由此又引申指“断绝”和“中断”。阻断交通、道路中断都与“斩”字有关联，所以古人用“斩”字作“堑”字的声符并会意。

楷书的字形由小篆演变而来，写作“塹”，后简化为“堑”。

“堑”字的本义指“壕沟”，如在阵地前方挖掘的、修有射击掩体的壕沟称“堑壕”。长江自古以来就被人们称之为“天险”，也称为“天堑”。“堑”字也用来引申指“挫折”。如“吃一堑，长一智”，指受一次挫折，得一次教训，可以增长一分才智。

塹
小篆

塹
隶书

堑
楷书

“堑”与“天堑”

“堑”字指隔绝交通的壕沟。“天堑”指天然的壕沟，可以用来阻挡敌人的进攻。

我们所熟知的成语是“长江天堑”，也称“长江天险”，指长江为天然的坑堑。旧时用来形容长江地势险要，不可逾越。说起这个成语的来历，还有一段历史故事。

中国在魏晋南北朝时期，四分五裂，形成很多小国。到南北朝后期，北周的杨坚，统一了北方，建立了隋朝，开国君主杨坚就决心率军南下，打过长江，占领南方，统一全国。

南方的陈朝，建都在建康，即今日的南京。杨坚率大军到达长江北岸，准备渡江，占领南京，消灭陈朝。

隋军在江北厉兵秣（mò）马，征召船只，准备渡江。陈朝的一些官员心焦如焚，准备加强江防，奋力抵抗，但陈后主却不以为然。

陈后主是谁？他就是南朝宋、齐、梁、陈中陈朝最后的一任君主，史称“陈后主”。此人名叫叔宝，平生爱喝酒、爱写诗、爱听音乐，完全是个艺术家的派头，却不幸当了君主。陈后主毫无治国之才，更无治国之心。大军压境，竟然仍在宫里看宫女奏乐跳舞，自己仍然是酒杯不离手。当守城将官向他报告隋军已在渡江时，他才慌了手脚，召集大臣们议事。

文武百官，分成两派。一派主张积极抵抗，一派认为不必慌张。其中有个名叫孔范的昏官对陈后主说：“长江天堑，古来限隔，虏军岂能飞渡？边将欲邀功劳妄言事急！”这话的意思是：长江是天然壕沟，自古以来就把南北隔开，隋军能飞过来吗？这些都是几个军官想邀功请赏，才夸大其词，把形势说得这么紧张！

苟且偷安、毫无军事素质的陈后主听了，正中下怀，信以为真，便继续喝酒、写诗、听音乐、看跳舞去了。数日后，隋军先头部队已攻入城内，陈后主方知大事不妙，躲进后宫一座枯井里，被隋军搜到，当了俘虏。

“天堑”一词就是这样产生的。“天堑”指天然壕沟，一般专指长江，所以这也是成语“长江天堑”及“长江天险”的出典。

挽弓当挽强

qiáng

强

金文

小篆

隶书

楷书

金文和小篆的“强”字，都是左右结构的形声字。左边是“弓”，表示“强”的意思所在，右边的“畺”表示读音。后来简化为“强”。

“强”的本义为“弓有力”，如强弓。杜甫有名句：“挽弓当挽强，用箭当用长。”弓只有强而有力才能把箭射得远，用弯弓有力来表达“强”的含义是十分准确的。

弓因为有力，所以力量大，显得很健壮，如强大、强壮。

“强”表示程度高，如强烈、记忆力强、纪律性强、责任心强。

“强”有优越、好的意思，如今年比去年强，他的文章比你的强。

特别重视或重点提出的为“强调”。

“强”又转义为固执己见、不服劝导，如倔强、强嘴，但这时读jiàng。

也有人认为，古代的“强”字是个内外结构的形声字。外面的“弓”和“口”组成的字是读音，里面是个“虫”字。其本义是米中的虫子。

米中的虫子，如何解释今天的“强”字呢？看来，还得思量一番，才能作结论。

唐·欧阳询《皇甫府君碑》

陆游吟诗说“强”字

陆游是南宋杰出的爱国诗人，晚年闲居在老家越州山阴的时候，还念念不忘国家大事，一心盼望收复中原。

这一年，陆游的小儿子陆子龙赶往吉州任职，陆游为他饯行。

席上，陆游语重心长地告诫儿子，要爱国爱民、自立自强，说着说着，不由诗兴大发，脱口吟道：“头戴四方帽，身背一张弓，问君何处去，深山捉大虫。”

陆子龙才思敏捷，马上悟出了父亲说的是个“强”字。他朝父亲深深拜了一拜，动情地说：“父亲，您老人家的教诲孩儿一定铭记在心，自立自强，奋发向上。”

房屋和周围的围墙

qiáng

墙

甲骨文

金文

小篆

墙
隶书

墙
楷书

小篆的“墙”字是个左右结构的形声字兼会意字。左边是个“爿”字，这个字读“pán”，作声符并会意。右边是“啬”字，读sè，作形符，表示跟仓库之类的有关。

“爿”字和“啬”字组合，指“房屋和周围院子的围墙”。

因指的是周围的围墙，这跟“啬”字有关。古代的“啬”字指粮仓，表示收谷物入仓，本义指“收获的粮食谷物藏在仓库里”。仓库较大，保护严密，有围墙的高大之义，所以古人用“啬”字作“墙”字的形符。

古人为什么用“爿”字作“墙”字的声符呢?

小篆的“爿”字是象形字，指的是古代筑墙用的木板和立柱的横断面形。这个“爿”字是“墙”字的本字，是最早的“墙”字，本义就是“墙”，所以古人用“爿”字作“墙”字的声符并会意。

小篆的字形由金文演变而来。楷书的字形由小篆演变而来，将“爿”字改成了“提土旁”，写作“墙”，后简化为“墙”。

“墙”字的本义指“用土或砖石砌成的围墙”。

古代为防守而建筑在城市四周的又高又厚的墙称“城墙”，城墙上面呈凹凸形的短墙称“女墙”，人字形屋顶的房屋左右两侧的墙壁称“山墙”，环绕房屋、园林、场院等的拦挡用的墙称“围墙”，墙的下段跟地面接近的部分称“墙根”，墙根称“墙角”，也用来比喻基础，“挖墙角”就是挖人家基础。还有墙头、火墙、骑墙、墙裙、墙报、胸墙等词语。

胡铁嘴测字寻贼——墙

民国年间，南京夫子庙文德桥头摆测字摊的胡铁嘴可算是个名人。胡铁嘴侄儿家隔壁是陶民富，讨了个俊俏媳妇，日子过得红火，村里人无不羡慕。这天胡铁嘴正跟家人边喝酒边闲谈，陶民富推门进来，火急火燎地说："胡大爷，不好了，我家那头驴子不见了。你帮我测个字找找看。"

胡铁嘴醉醺醺地说："多大事呀，急成这样。"他想抓布袋让陶民富摸个字，发觉布袋没带在身上，便说："你说个字，我来测测看。"

陶民富说："我们两家有堵墙是两家，拆了墙是一家，就测个'牆'字吧。"

胡铁嘴叫人拿来纸笔，写了个大大的"牆"字，琢磨了一下说："你回到屋里，到床肚底下找！"

陶民富苦笑道："胡大爷，您老喝高了，说醉话呢，我丢失的是头驴，又不是猫，怎么到床肚底下找？您老拿我寻开心呢。"

胡铁嘴板着脸孔说："你大爷正儿八经帮你找驴呢。大爷不管你丢牛丢驴还是丢猫儿，我只会照字理说话。你要测的这'牆'字，左边的'爿'（pán）是'牀'（床）字边，右边是'来回'二字，上面'来'字的脚不见了，这是藏匿在床下的暗示。你要找到驴，只有到床肚下找。就算驴不在床下，偷驴贼躲在床下，问他不就找到驴了吗？我虽不是神仙，但我胡铁嘴说话算数，何曾骗过人？你回家看看，便知分晓。"

陶民富苦笑着回去了。他坐到床上，将刚刚胡铁嘴的话告诉妻子。不料，床下有动静，他掀开床板，果然有一男子躲在床下，他一把拖起，举拳便打，那人讨饶道："我昨晚一时糊涂。偷了你家驴，今日后悔，送回来了，不信你去看。"陶民富奔到后院，果见驴在吃草。待他转身回屋，偷驴贼已逃之夭夭了。

原来，这偷驴贼与陶民富妻子相好。昨晚两人幽会后骑驴回家，今早确实是来还驴的。两人在交谈时，陶民富正巧回来，他急忙躲到床下。当他听说胡铁嘴已测出床下有贼时，吓得浑身发抖，知道东窗事发，落荒而逃……

将脚高高抬起——跷

qiāo

跷

小篆

蹺
隶书

跷
楷书

小篆的“跷”字是个左右结构的形声字兼会意字。左边的“足”字是形符，表示跟人的脚有关。右边的“尧”字读“yáo”，作声符并会意。

“足”字与“尧”字组合，指“将人们的脚抬起来”。因是指将人的脚抬高，这跟人的脚有关，所以古人用“足”字作“跷”字的形符。

古人为什么用“尧”字作“跷”字的声符呢?

甲骨文的“尧”字是个会意字。字形上面是两个“土”字，这就是古代的“丘”字，表示烧砖的窑包。下面是个“人”字，表示人在窑包前烧窑。砖窑是用土堆起来中间空的大土丘，自然有高起突出之义。小篆将其复杂化，变成三个“土”堆在一起，下面再加个表示突然高出来的“兀（wù）”字，用以表示“高”。隶变后楷书写作“堯”，如今简化为“尧”。这“尧”字的本义为“高”，而“跷”是指将脚高高抬起，所以古人就用“尧”字作“跷”字的声符并会意。

楷书的字形由小篆演变而来，写作“蹺”，现简化为“跷”。

“跷”字的本义指“将脚抬起”。

“跷”字由本义引申指“抬起来、竖立起来”。如跷起腿、跷脚、踩高跷、跷起大拇指。

“跷”字引申指“抬起脚后跟”。如他跷起脚看着爸爸走远了。

拆解“蹺”字说疾病——跷

“蹺”字是“跷”字的繁体字。

民国年间，无锡有个人叫“王跷脚”，在南京夫子庙开馒头店。测字大师胡铁嘴常去光顾，跟“王跷脚”交上了朋友。

这天，王跷脚沾茶水写了个“贵”字说：“胡大爷，你看，我是卖馒头做小生意的人，郎中却说我得了富贵病，要我打针吃药，我死活不肯。你给我测个‘贵’字看，我到底得了什么病，总觉得味口不好，浑身没力气。”

胡铁嘴道：“你腿脚不便，很少外出走动。在家常吃油腻荤的东西，鱼肉之类积在胃里，得不到消化，久而久之，胃就受伤了。‘贵’字加水为‘溃’，‘溃’就是受伤，如溃烂、溃疡。郎中说得对，你的肠胃有毛病，得抓点养胃的中药吃吃。”

“王跷脚”听了，点点头说：“听你的，今儿我就去抓药，您胡大爷是既会测字又会看病的。您老看看我还有什么别的病没有？”

胡铁嘴道：“我以测字为生，不敢以医生自居，万一吃错药那可不得了。你说个字吧，我以字说话，兴许能歪打正着，为你找出病根来。”

“王跷脚”想了想，举起一只脚说：“从小人家就称我‘跷脚’，你就给我测个跷脚的‘蹺’字吧。”

胡铁嘴沾茶水写了个“蹺”字说：“这‘蹺’字草书写作‘跷’。草书龙飞凤舞不准。‘蹺’字左边为‘足’，右为‘堯’，这字读“yáo”，是上古帝王。先说左边‘足’字。‘足’字拆开上为‘口’，下为‘止’，食物从‘口’里进到胃里‘止’。刚刚测‘贵’字说到胃，你是胃溃疡，胃里的胃壁上有破损，说不定出血了，医书上说是‘胃溃疡’。‘蹺’字右边上半部堆着三个‘土’。顶上的小土代表你的胃，下面两个小土代表你的胰脏，因为胰脏位于胃的后下方。‘蹺’字右边最下方的‘兀’字读‘wù’，指‘突兀’，高高地突起，表示你的胰脏有炎症，肿大而突起，你请郎中对症下药，跟胃同时治疗。”

胡铁嘴分析得头头是道，跟治病的郎中说的差不多。他只是借字说事，令“王跷脚”更信服罢了。

手持棍从高往下敲

qiāo
敲

小篆

敲
隶书

敲
楷书

小篆的“敲”字是个左右结构的形声字兼会意字。右边的“攴”字读pū，在甲骨文中像手持一根小棍子，表示打人的意思。“攴”字本义为“击打”，在这儿作形符，有“击打”之义。左边的“高”字读gāo，作声符并会意。

“攴”字与“高”字组合，指“手拿棍子轻轻地打头”。因指的是手拿棍子轻轻地打头，所以古人用“攴”字作“敲”字的形符。

古人为什么用“高”字作“敲”字的声符呢？

这里有两种解读。有人认为，用棍子打人的头部，而人的头部在人身体的最高处，而高有在上的意思，所以古人用“高”字作“敲”字的声符并会意。

此说恐与常理有违。为何用棍子打人？轻轻地打从何而得知？若是矮人又如何打高的人？这些只能是猜想，没有必然性，况且用棍子即使轻轻地打也会伤人。

较为合理的解释是：人们在做“敲打”这一动作时，棍棒之类的工具都是从上往下，从高处向低处使劲，所以古人用“高”字作敲字的声符并会意。

楷书的字形由小篆演变而来，写作“敲”。

“敲”字的本义指“打、击”。如确定下来，决定称“敲定”，斟酌字句，反复琢磨称“推敲”，比喻从旁帮腔、从旁助势称“敲边鼓”，比喻借以求得名利的初步手段称“敲门砖”。还有敲门、敲打、敲锣打鼓这类词。

“敲”字仅假借指“欺诈、盘剥”。如敲诈、敲竹杠、敲骨吸髓。

“敲”与“推敲”

这里讲个跟“敲”字相关的解字故事。

唐代众多诗人中，有个和尚诗人名叫贾岛。贾岛当和尚时就酷爱吟诗，有时竟到了痴迷的地步。有一次，他构思了一首诗，写一名和尚深夜回寺，其中有两句是“鸟宿池边树，僧推月下门”。考虑成熟后，又觉得其中“推”字不如“敲”字好。但细细想想，觉得还是“推”字好。如此反反复复，想了好几天也没定下来。

这天，贾岛骑驴上街办事儿，他又在琢磨诗中“推”与“敲”用哪个更好。他一边想，还一边伸出手，一会儿做“推”的动作，一会儿做“敲”的动作，引得路人以为这和尚发痴了。岂料，他这一走神，冲撞了出巡的京兆尹韩愈。按那时的规定，高官出巡，行人必须回避让道，拦路者属犯法。贾岛骑驴挡道，被差役抓住。韩愈问他因何事停在路上。贾岛连忙谢罪，并说明情由。韩愈是当时的文坛泰斗，且十分爱才。他不但没责怪贾岛，还在路边与他探讨起“推”“敲”二字来。韩愈认为用“敲”字为好。因为“敲”字反映出僧人夜归的特点，寺门紧闭，需要敲才能惊动寺内人。同时，“敲”字读音响亮，静中有声，更有诗意。韩愈这一分析，使贾岛十分佩服，便决定用“敲”字。由此，贾岛在韩愈奖掖下，诗名大震，后来他还俗当了诗人，而他反复思考用“推”还是用“敲”这段故事流传千古，还成就了“推敲”一词。

当然，仁者智者，各有见解。一千五百多年过去了，今日还有许多人在推敲这“推”与“敲”二字。有人认为用“推”字准确。这和尚是何身份？若是有身份的和尚出门晚归，自有小和尚侍候守门，不用推与敲。若是鲁智深之类，喝醉了回来，顺手一推，进了山门，这不是更准确吗？再说，寺内和尚知道有和尚夜出未归，一般会给他留门，山门并未关上，只须推一下，何需敲门呢？

若如此推究，就属吹毛求疵了，贾岛也就写不出诗来，只好回去当和尚啦。

qiáo
乔

踩高跷的舞蹈——乔

甲骨文的“乔”字是个会意字。上面是个“止”字，表示“脚”，下面是“高”字简省的写法，表示高高地在做着踩高跷的动作。

小篆的字形有所变动。它将甲骨文上面的“止”字改为“夭”字，这个字读“yāo”，在甲骨文中是个象形字，像一个人两袖低昂起舞的样子。金文大致相同。小篆让这个“人”低下头以突出婀娜多姿的神态。隶变后楷书写作“夭”。“夭”字的本义为“摆袖低头婀娜起舞。”

这“夭”字加上下面的“高”字简省的写法，隶变后的楷书写作“喬”，如今简化作“乔”。

如今这“乔”字更让人想起在民间集会时，有人在双脚上绑上两根高高的长棍子，这就是高跷。踩高跷者做出各种动作以吸引观众。因此，这“乔”字的本义就是“踩高跷之舞”。

“乔”字由本义引申指“高而上曲”。如“乔木”，这是一种树干高大，主干和分枝有明显区别的木本植物，松树、柏树、杨树、白桦树等都属“乔木”。

“乔迁”指人搬到好的地方去住或官职高升，多用于祝贺词，如乔迁之喜。

踩高跷是种舞蹈，是种表演艺术，这就需要化妆打扮，所以“乔”字又引申指“装扮”。如“乔装”，指改换服装以隐瞒自己的身份。

“乔”字为引申义所用，后来古人又另加义符“足”来表示踩高“跷”，这便是“蹻”和“蹺”。“蹻”字成了异体字被淘汰。“蹺”字被简化为“跷”，如今成了正体，因此它是正宗的“踩高跷”的“跷”字了。

金文

小篆

喬
隶书

乔
楷书

乔老爷求测“乔”字

乔老爷上轿的故事，说的是明朝年间，一个名叫乔溪的书生，赴京赶考时，误进一辆准备去抢亲的花轿，反而促成一段美好姻缘。其实，在这之前还有段乔老爷测字的故事呢。

乔老爷赴京赶考，安排好住宿，便上街去找测字先生了。到了一家测字馆，写了个“乔”字求测婚姻大事。测字先生看着“乔”字说道：“你这‘乔’字表明你是外乡人，你没有乔装打扮，一看是南方来的。这‘乔’字加‘人’便是侨居异乡，而你只是短暂居住几天，考完试便走了。”

乔老爷听了，心里嘀咕：这不是废话吗？你一看便知我是进京赶考的。测字先生见状，马上进入正题：“‘乔’字加‘木’为‘桥’，你举目无亲，没人牵线搭桥，即便眼前美女如云，也是枉然。”

乔老爷听了，心中不爽。测字先生改口说：“‘乔’字加女为‘娇’，娇美妖艳的娇妻正等着你寻找，可你两手空空，既无马骑，又无书童，毫无骄人之气。即便你寻得娇娆的美人，也难将她带回家乡啊。”

乔老爷心中抱怨：我是测婚姻结果，何必谈得这么琐碎？测字先生见状，狠狠心说：“阁下莫怪我嘴臭说话刻薄，实话相告，你这‘乔’字上面拆开是‘二’字和‘人’字，共同构成‘夭’字，指二人的婚姻必然夭折。”

乔老爷听了，气得丢下点碎银，转身而去。

乔老爷四处打听，听说测字名家郑仰田在菜市口测字，便乘了辆马车赶了过去，同样以“乔”字求测婚姻大事。郑仰田看着“乔”字，拱手贺道：“先生乘车而来，以‘乔’字求测婚事，‘车’与‘乔’相合乃‘轿’字，你已备好‘轿’子，何愁找不到娇妻？有这‘轿’字垫底，你的婚姻必将一帆风顺，马到功成。”

乔老爷听得昏昏乎乎，问：“先生何出此言？”

郑仰田道：“你这‘乔’字上面为‘夭’，此为‘桃之夭夭’，花木茂盛，先生要交桃花运啊。”

乔老爷听了，心花怒放。第二天，他因上错了一辆抢亲的花轿，却找对了太守家的千金为妻，此事流传至今，无人不羡慕他的桃花好运。

qiáo

桥

金文

小篆

隶书

楷书

用木料架的桥

小篆的“桥”字，是个左右结构的会意兼形声字。左边的“木”字，表示这个字与树木或木头有关。右边的“乔”字，是声符兼形符。

“乔”字的繁体字是“喬”。这是个会意字，上半部是“夭”，表示弯曲，好像有个弧度弯下来。下半部是“高”字的变形体。意思是树木高大而弯曲。“喬”的本义是高而上曲的形状。后来，“喬”简化成了“乔”。

“木”与“乔”组合在一起，就是用木料高高地架在两岸之间的桥梁。“桥”的本义就是桥梁，架在两岸或空中以便通行的建筑物，如木桥、天桥、立交桥、栈桥、拱桥、石桥、铁桥、桥头、桥墩、桥洞、桥孔等词中的“桥字都是指桥梁”。

《隶辨》

东晋·王献之

宋《三希堂法帖》

元·赵子昂

有木便为桥

关于“桥”字，有这么一段有趣的故事。

苏州饮马桥头的乔家，是个书香门第。乔家出来的人，大都是文人，不是在电台报社当记者编辑，就是在学校当老师。

乔家第三代名叫娇娇，是小学老师，妈妈是中学老师，爸爸是大学教授，学的都是中文。平时在家，娇娇除了读书，还常常吟诗作对，常有佳作在报纸副刊上发表。

一个星期天的上午，娇娇诗兴大发，想到一副上联，要妈妈对出下联。妈妈说：“好呀，你说出来，我就能对出来。”

爸爸自告奋勇地说：“我来评判！”

娇娇一字一句地说：“我家本姓乔，有木便为桥。去木添个女，添女便为娇。妈妈喊我叫小娇。”

妈妈想了想，胸有成竹地说：“听着。我家都善良，有米便是粮。去米添个女，添女便为娘。女儿称我为老娘。”

爸爸听了，问娇娇：“老爸为你老娘打一百分，如何？”

娇娇拍手说：“老娘水平高！一百分！”

qiǎo

巧

技巧高超——巧

古代的“巧”字是个左右结构的形声字兼会意字。左边的“工”字是形符，表示跟技艺一类的事有关。右边的“丂”字是声符，读“kǎo”。

有人认为，古代的“工”字像斧头或铲子、曲尺一类的工具；也有人认为“工”字的上下两横是两根绳或线，也可能是两块玉石，当中那一竖，是将上下贯穿起来，而这是需要耐心、细心和一定技巧的。

古人为什么用“丂”字作“巧”字的声符呢？因为“丂”字有“无可再上，达到顶端”的意思，两形相合，表示一个人的技艺高超得不能再高的程度，这样才能称为“巧”。所以“巧”字以“丂”字为声符并会意。

“巧”字的本义指“技艺好”。工作中善于找窍门，提高工作效率称“巧干”；表现在艺术、工艺、体育等方面的巧妙的技能称“技巧”；精细巧妙称“精巧”；手灵巧、手艺高称“手巧”。

“巧”字由本义引申指“心思灵敏”。巧妙的计策称“巧计”；灵巧高明，超过寻常的称“巧妙”；合人心意，讨人喜欢称“乖巧”；灵活而巧妙称“灵巧”。奇巧、取巧、小巧等词中的“巧字”都是这个意思。

“巧”字还假借指“恰好”，如表示正是时候或正遇着所希望的或所不希望的称“凑巧”。赶巧、碰巧、可巧、正巧等词中的“巧”字都是这个意思。

“巧”字也作姓氏用。

巧

小篆

巧

隶书

巧

楷书

“巧”妇能为无米之炊

这天上午，梁溪谜语研究会的同人们，来到会长马汉文家，准备先讨论几个字谜，然后进城到聚丰园聚聚。岂料快到中午时，下起了瓢泼大雨，几个人已饥肠辘辘，望着老马，看他有何妙招。

老马胸有成竹，他转身对孙阿姨说：“孙阿姨，有句古话叫巧妇难为无米之炊，今天就考考你这巧大嫂，看你有什么办法，让我们这七八个人吃饱肚子，还要吃得满意才行啊！”

孙阿姨爽朗地说：“没问题，你们谈正事，我这就来张罗。”

孙阿姨一边忙去了。周其良赞赏道：“看得出，这是个巧妇。”

小陶说：“有个字谜，‘建功出力，不呼口号’，谜底是‘巧’字。‘不呼口号’，就是指‘丂（kǎo）’字，上面没有‘口’字，剩下的‘丂’字加上左边‘工’字合成‘巧’字，思想境界高。”

周其良说：“‘巧’字音通‘窍’。思想开‘窍’了才能成为‘巧’，反过来，心巧才能开窍。”

老马提醒道：“我看这‘丂’字可看作是‘亏’字的变形。‘巧’字里有‘丂’，指的是不亏为巧。事半功倍，费小力而收效大为之巧……”

正说着，小餐厅已飘出一股葱油蛋花香，满满一桌饭菜已准备好了。孙阿姨用冰箱里剩下的肉圆做了一盆肉圆汤，上面还漂着两片菜叶，色香味俱全，为每人做了一碗葱油拌面，另外还炒了盘鸡蛋，切了几段香肠，加上一袋花生米，连下酒菜也配齐了。

众人吃得齐声叫好，赞不绝口。刚放下碗筷，孙阿姨已将茶水递上。才喝几口，孙阿姨已收拾停当，解下围裙，趁雨小点儿匆匆回家了。

大家见厨房收拾得干干净净，大为惊奇。老马说：“你们没注意看啊，孙阿姨做事有条理，她和面时烧开水，开水烧好后切面条，下面条时炒菜做汤，面条端上桌接着端菜，我们喝酒吃面时，她在收拾厨房，等我们喝茶时，她已忙停当了，这就叫心灵手巧。她不做重复的动作，有条不紊，所以我刚刚说，巧字右边的‘丂’字应看作是‘亏’字。在时间上、精力上不亏损，这就是事半功倍，这就是心灵手巧。”

周其良赞道：“巧妇能为无米之炊啊！”

qiào
峭

小篆

峭
隶书

峭
楷书

山势陡峻——峭

小篆的“峭”字是个左右结构的形声字兼会意字。左边的“山”字作形符，表示跟“山”有关。右边的“肖”字是“削”字简省的写法，读“xiāo”，作声符并会意。

“肖”字与“山”字组合，指山势十分陡峭险峻。因指的是山势，所以古人用“山”字作“峭”字的形符。

古人为什么用“肖”字作“峭”字的声符呢?

凡陡峭险峻的山势，悬崖绝壁，犹如鬼斧神工，用刀斧砍削出来似的，所以古人用“肖”字作“峭”字的声符并会意。

楷书的字形由小篆演变而来，写作“峭”。

“峭”字的本义指“山势高而陡峻”。如山高而陡称“峭拔”；陡直的山崖称“峭壁”，如悬崖峭壁；陡立称“峭立”；坡度很大，直上直下称“陡峭”；形容山高而陡称“峻峭”。

“峭”字由本义引申指“严厉”。形容冷气逼人称“寒峭”，也称“冷峭”；形容微寒称“料峭”，如春寒料峭；形容人严峻刚直称“峭直”。

山高月小难相处——峭

民国年间，南京夫子庙文德桥头的测字大师胡铁嘴，他测字时心中有杆秤，能把握说话分量的轻重，特别是测到婚姻大事，更是反复推敲，劝和不劝散，尽量往好处说。

今日，胡铁嘴可碰上了棘手事儿。早年住在城南军师巷时的老邻居唐厨子夫妇一大早赶来，为女儿出嫁的事测个字。这对夫妻远近闻名，针尖对麦芒，吵了一辈子，也过了一辈子。女儿就是在他俩吵闹声中长大的，年近三十，总算有人上门提亲了。两人为该不该答应这门亲事争吵不息，最后达成和解：请胡大爷测个字作决定。

两人刚坐下，为该测个什么字又闹翻了。唐厨子说测个“山”字，因求婚者赵小山是他徒弟，他有心要将女儿嫁给他，所以要测“山”字。她老婆李月娥嫌赵家穷，一百个不愿意。

胡铁嘴将字口袋递给李月娥：“测字要看天意，你拣个字吧，省得疑神疑鬼的，我白费口舌。”李月娥摸出个“峭”字。

胡铁嘴边写“峭”字，边说：“李大妹子不让唐大哥测‘山’字，可‘山’字硬是翻山越岭攀上峭壁挤进来。这‘山’字大有讲头哇。‘山’字左右各一竖，可代表一男一女，它们长短一样，各不相让。从字形上看，两人争吵不断，很难走到一块。俗话说，稳如泰山，重如泰山，可见山是稳固不动的，经此判断这两人的脾气都是倔，若是结合到一起，也是争吵不断……”

李月娥不好意思地说：“我女儿脾气比我好。”

胡铁嘴接住话茬儿：“常言道，看看妈妈脚后跟，知道女儿二三分。现在好了，这‘山’字中间一竖，好比长辈站在两人当中，主持公道，不断调和……”

李月娥问：“我想招女婿，调和不成咋办？”

胡铁嘴道：“大妹子，你看这‘峭’字，左边是大山，右边是‘肖’字，‘肖’字拆开为‘小月’，‘峭’字是山高月小，总有月光照不到的地方，凡事你要大肚包容，将心偏向女婿，女儿呢，也不会怪罪你，这样，再陡峭的山也翻得过去……”

漏光的洞孔——窍

qiào

窍

小篆的“窍”字原先写作“竅”，这是个上下结构的形声字兼会意字。上面的“穴”字作形符，表示跟孔洞有关。因为古代的“穴”字就是指“窑洞”，后来泛指“洞窟”。

“竅”字下面的“敫”字读“jiǎo”，作声符并会意。

“敫”字与“穴”字组合，指“孔洞里漏出亮光来”。

因是指漏光的洞孔，这跟洞孔有关，所以古人用“穴”字作“竅”字的形符。

古人为什么用“敫”字作“竅”字的声符呢？

小篆的“敫”字是个会意字。左上方是个“白”字，表示白光。左下方的“方”字和右边的“攵”字组合成“放”字。“白”字和“放”字组合，表示“放出白光”。有“光亮闪耀”之意。“敫”字的本义指“光亮闪耀”。在洞穴里光亮闪耀，表示这是个漏光的洞孔，有贯通、通畅之意。所以古人用“敫”字作“竅”字的声符并会意。

小篆

竅

隶书

窍

楷书

隶变后的楷书写作“竅”，现简化为“窍”。

“窍”字的本义指“孔、洞”。如“窍”字指“窟窿”，特指眼耳口鼻等的孔。人的两眼、两耳、两鼻孔和口称“七窍”；“七窍流血”指人的这七个孔洞流出血来，指生命垂危；“七窍生烟”形容气愤、焦急或干渴到了极点，好像耳目口鼻都在冒火；“一窍不通”比喻一点儿也不懂。

“窍”字由本义比喻事情的关键。如能解决困难问题的好办法称“窍门”；关键性的办法也称“诀窍”。还有开窍、鬼迷心窍等词语。

杂谈“窍”字

这天，无锡梁溪谜语研究会的同人们在会长马汉文家聚会，讨论一些字谜评价的事儿。

“巧了不空，空了不巧，既空又巧，办法真好”这谜面如同绕口令，突出了“窍”字里包含“空”字、“亏”字、“巧”字、“穴”字。末了一句“办法真好”是神来之笔，道出了“开窍”的“窍”字。

说到“开窍”二字，会长马汉文马上想到“七窍”一词。他说：“窍有孔洞或窟窿的意思。将人从上往下看，头颅是最上最重要的部位。头部有双眼、双耳、两个鼻孔加一个嘴巴。这七孔大小不一，统称“七窍”。书中常有‘七窍流血’之说。不是被打死就是中毒而死，没法救了”。

赵振南说：“‘七窍生烟’也是用了五官七窍的例子，它形容人愤怒到极点，连七窍都冒烟了，可见愤怒发火到什么程度。”

赵纪方说：“若是七窍堵塞，便是一窍不通了。人的五官七窍，是负责听、看、闻、尝的，通过七窍的具体接触，才能从综合感受中得出结论。在七窍中，任何一窍不通，例如听不到、看不到、闻不到、尝不到，说明与外部接触不良了，有病了，将一窍不通了。”

马汉文道：“从文字学角度讲，‘窍’者通‘翘’，窍口一般都是向外翘起。所谓‘窍’，上面是洞穴，下面是‘巧’字，指的是洞穴巧妙的开口处。这洞穴开口处有个共同特点，都是在开口处翘起来。从中医角度讲，肝窍之目、肾窍之耳、肺窍之鼻、心窍之舌等，都巧露于外，以完成五脏六腑与外界的沟通。每个窍都有自己的特殊任务，所以有一窍不通，就影响全身。”

周其良道：“正因如此，所以人们把这一‘窍’打通了就称之为‘开窍了’。而‘开窍’，指的是打通思想。”“思想”这个窍实际指的是“心窍”。古人认为“心之官则思”，心主管思考。思想通了叫“开窍”。“开窍”的关键称之为“窍门”，动脑筋想办法找到“窍门”，这种本领就叫“诀窍”。

鸟尾上的长羽毛——翘

qiào
翘

小篆的“翘”字是个左下半包围结构的形声字兼会意字。左下方的“尧”字读“yáo”，作声符并会意。“翘”字右上方的“羽”字作形符，表示跟鸟的羽毛有关。

“羽”字与“尧”字组合，指“鸟尾巴上的长羽毛”。因指的是鸟尾上的长羽毛，这跟“羽”字有关，所以古人用“羽”字作“翘”字的形符。

古人为什么用“尧”字作“翘”字的声符呢？

甲骨文的“尧”字是个会意字，本义指烧制陶器的窑包。瓦窑包是用土堆起来的中间空的大土丘，有“高起”之义，而鸟尾巴上的长羽毛常常是高高撅起的，所以古人用“尧”字作“翘”字的声符并会意。

小篆

翹
隶书

翘
楷书

楷书的字形由小篆演变而来，写作“翹”，现简化为“翘”。“翘”字的本义指“鸟尾巴上的长羽毛”。

“翘”字由本义引申指“一头在下，另一头向上撅起”。如人们把骄傲自大称“翘尾巴”；把腿架在另一条腿上称“翘二郎腿”。

“翘”字是个多音字，读作“qiáo”时，指“抬起”。如翘首盼望称“翘盼”，指急切地盼望或期待；抬起头来望称“翘首”，也称“翘望”。

“翘楚”是个书面语，出自《诗经》。原指高出杂树丛的荆树，后用来比喻杰出的人才。

鞋尖往上“翘”

人们穿的鞋子，各式各样，五花八门。我们在电影戏剧或古籍图典中看到一个有趣的现象：中国古代人穿的鞋子，有个最典型的特征，就是鞋尖儿是向上翘的。最令人啧啧称奇的是，鞋尖上翘，几乎是全世界古鞋的共同特点。这是为什么呢？

有专家考证，中国的鞋翘在秦朝之前就有了。也有人认为，鞋翘的历史应该提前，在公元前的商朝便有了，距今已有三千七百多年。在青海出土的一件古代陶器上，画着一个人，他脚上不仅穿着鞋，而且鞋尖是向上翘起的，这是最早的鞋翘形象资料。后来在发掘殷商废墟时，发现一件石刻，这是一件无头人像，只剩下右半身，裹着腿，脚穿翘尖鞋。专家们确定，这是商代人的一种装束，说明当时鞋翘很流行。

这种鞋翘不仅在中国，在其他文明古国也是这样。可见古代有过几千年的鞋翘历史。

为什么会有鞋翘这种式样呢？据专家们分析，可能有这几个原因：

第一，古代人不论男女，衣着均以裙子和袍子为主。中国服装，上为“衣”，下为“裳”，故称为“衣裳”。下身以“巾”裹着。明清时期乃至民国年间，男子及儿童，冬天穿长袍，春夏穿长衫。人们穿的裙袍长衫长可达脚面，鞋翘可用来托住裙边，不至于拖在地上，引起另一只脚踩上而跌倒。

第二，脚穿前面翘起的鞋，可起保护脚的作用。

第三，鞋翘与鞋底连接在一起，鞋底厚实牢固，这样可延长鞋子的使用时间。

这三点，也许是古人在长期生活中积累出来的经验，这鞋翘具有一定的科学性和实用价值。

最重要的一个原因，恐怕跟古人的迷信有关。人们脚上穿的鞋尖上翘，跟古代建筑的顶角上翘的用意是相似的，都反映了古人信仰和崇敬上天的意识，也体现了他们的美学观念。一个“翘”字，也许让他们找到了艺术的灵感。

用刀割断物体——切

qiē
切

古代的“切”字，是个左右结构的形声字兼会意字。左边的提土旁是声符，读“qī”，右边的“刀”字是形符，表示跟“刀”这种工具有关。两形合一，指“用刀割断物体”。

“刀”是割断物体的工具，这不用多说。古人为什么用提土旁作“切”字的声符呢？其实，这提土旁就是数词“七”字作偏旁的一种简省写法。“七”字的字形，就是将一根棍棒拦腰切断，它是最早的“切”字，是“切”字的祖先。当“七”字用作数词后，古人就将它拿来作新造的“切”字的声符并会意，所以“切”字还有“七”字的影子。任何事物满七为齐，齐全了即为一切都包括在内了。

“切”字的本义指“用刀将物体切断、分开”，如切除、切割、切开、切口、切片、切削、割切、横切。

“切”字假借指几何学上把直线与弧线或两个弧线相接于一点，如切点、切线、相切。

“切”字是个多音字。当它读作“qiè”时，由本义引申指“贴近、亲近”，如切齿、相切、切脉、切身、关切、密切、亲切、贴切、痛切、切肤之痛。有时人们写信或留便条时，写到特别紧急重要的事，后面常写“切切”。

“切”字也作姓氏用。

切
小篆

切
隶书

切
楷书

考功郎中——切

却说唐朝天宝年间，山东聊城一个书生，名叫孔谷良，这年他赴京城赶考，途经河南洛阳时，到一小店投宿。因天色已晚，又逢赶考日子，店里住客已满，一张床位也没有了。孔谷良再三恳求，店主只好说：“阁楼有位老先生，住下多日了，看他肯不肯与你挤一挤，住一晚上。”说罢，领着孔谷良上了阁楼，推开门，跟老人商量。屋里没点灯，影影绰绰，只看到一位个子高高、面容清瘦的老人在整理床铺。还没等店主开口，老人笑道：“啊呀呀，考功郎中来跟我挤被窝啦。不用说，中！中！”

听口音，老者是河南本地人。店主千谢万谢地走了。孔谷良感到奇怪，问：“老先生，你我素昧平生，怎知在下……”老者笑道：“那敢问尊姓大名？”孔谷良回答道：“贱姓孔，名谷良。”老者哈哈一笑：“你听错了，我说的是考功郎中。这次殿试，如不出意外，你能考中进士第，官至考功郎中。”

孔谷良听了，喜不自胜，忙对老者打躬作揖：“谢谢先生吉言，只怕在下才疏学浅，辜负老先生一片美意……”

两人说了些闲话，展开被褥，合盖一条被子躺下了。老者个子高，腿长，他躺下时，既像吟诗，又像在关照孔谷良，也像在开玩笑，一字一句说道：“老朽伸了脚，切莫出头来。”

孔谷良听了，好生奇怪，心里嘀咕：你老人家伸脚，为何叫我莫出头？难道要我将头一直闷在被窝里？他想问问，但老者已微微打呼噜，怕是睡着了。

第二天一早起来，老者已不知去向。孔谷良向店主打听，也不知底细，只知是客人。

这年殿试，孔谷良中了进士，被分到尚书省吏部，担任考功郎中。这时他才恍然大悟，那晚老者临睡前说的“老朽伸了脚，切莫出头来”，暗藏“考功”二字啊。“老”字伸长脚不是“考”字吗？“切”字不出头不就是“功”字吗？联想到进门他就称“考功郎中”，孔谷良不由暗暗称奇。他朝洛阳方向拜了三拜，以谢这位神秘老人的点拨之恩。

祭祖的神主牌位——且

qiě

且

甲骨文

金文

小篆

且

隶书

且

楷书

甲骨文、金文及小篆的“且”字都是象形字。像什么？有两种解读。一种解读认为，“且”字像雄性的生殖器的形状，这是古代先民生殖崇拜的体现。人类是靠生殖繁衍而延续的，古人可能另加“示”字，表示祭祀祖先。金文大体相似。小篆使其整齐化，隶变后的楷书写作“且”。

这“且”字可看作是“俎”和“祖”字的初文，是最早的“祖”和“俎”。“俎”读zǔ，左边是半块肉，表示在祭祀神祖的几案上放的祭品，如牛羊肉之类。本义指祭祀时置放牲体的礼器，与“祖”同义。

“且”字的本义为“雄性生殖器”，后引申为古代先民祭祖时置放祭品的礼器，又引申表示祖先。后来“且”字被借为虚词，主要用作连词，表示递进，相当于“况且”“并且”“尚且”“而且”等，古人就另造了“俎”字和“祖”字。“且”字的本义就成为历史了。

还有一种解读认为，甲骨文的“且”字是象形字，像祖先的神主牌位的样子，指“祖”。金文的字形由甲骨文演变而来。小篆的字形由甲骨文和金文演变而来。楷书直接由小篆演变而来，写作“且”。

“且”字的本义为“祖”，后来假借用“连词”，如而且、并且、况且、尚且。

“且”字又假借作“副词”，如姑且、暂且、苟且偷安、得过且过、且歌且舞。

“且”字三测

南宋年间，安徽新安有个测字名家朱安国，这年，朱安国来到江西九江，正逢科举开考，临考前，许多学子都想占断一下自己的功名前程，纷纷来找朱安国测字。这天来了三名学子。一个名叫陈宜昌的学子，恭恭敬敬地写了个“且”字，双手递给朱安国，并轻声说：“晚生来自湖北宜昌，请先生为我测‘宜’字中的‘且’字，看前程如何？”

朱安国接过字看了看，又盯着陈宜昌端详一番：“恭喜小老弟，此番你必定高中！”

陈宜昌神色稳重地问：“先生何出此言？”

朱安国指着陈宜昌写的“且”字说：“你写的这‘且’字状如官帽，所以我断你金榜题名。”

陈宜昌谢过了朱安国，退到一旁。跟在他后面的学子名叫刘勇，他急吼吼地说：“我跟他是同乡，你给我测个‘且’字吧。”

朱安国说：“你得亲手写个‘且’字来。”

刘勇抓起笔，急匆匆地写了个“且”字递给朱安国。朱安国仔细看这“且”字，又看看刘勇的脸色，咂咂嘴说：“哎呀呀，你非但功名无望，且有无妄之灾。劝你小心为妙，勿出远门。”

刘勇气狠狠地责问道：“同为宜昌人，同测一个字，为何有如此差异？”

朱安国道：“陈先生所书‘且’字状如乌纱帽，所以功名有望。你写的‘且’字形同神祖牌，有鬼神之象，所以我劝你小心为妙。”

刘勇气呼呼地走了。跟在他后面的周祥缓缓接过笔，也写了个“且”字给朱安国道：“晚生权衡再三，也写个‘且’字，请先生为我测测，此次科考，我是参加为好，还是等三年再考？”

朱安国见此人问得诚恳，但信心不足，便好言相劝：“‘且’字加‘力’为‘助’，无‘力’为‘且’。心中无力，得过且过，不如蓄芳待来年，一鼓作气，一举夺魁。”

周祥听罢，满意而去。

朱安国按三人的不同表现，作出了不同断语。

qiè

妾

甲骨文

金文

小篆

隶书

楷书

女奴隶——妾

“妾”字出现得很早，在甲骨文中就有了。甲骨文的“妾”字是个会意字，字形像一个女子跪在地上。

小篆的字形略有变化，像一个跪着的女人，头上有一把刀。这种刀是“辛”字省去一横，写作“䇂”，读“qiān”。

在远古社会，部族之间经常相互厮杀，除了争夺领土之外，大都为了抢夺财物，捕获对方女性。“䇂”，便是押送俘虏的刑具。这个“妾”字就是由“䇂”字和“女”字组成上下结构的会意字，本义指有罪的女人。

也有人认为，这把刀表示屈膝服侍人的意思。这个“妾”字，反映了古代奴隶制度的残酷。

也有人认为，古代的“妾”字，就是指女奴，后来用作指妻妾。

“妾”，指旧社会男子除正妻外另娶的女子，如妾室、纳妾、妻妾成群。

“妾”字也是旧时女子自谦的称呼，在古典小说中常常见到，如妾身。

北魏《邓长猷造像记》

元·赵子昂《行书千字文》

辜鸿铭说“妾”字

东汉许慎在《说文解字》中认为，汉字有六种造字方法，称之为六书，即指事、象形、形声、会意、转注、假借。他为什么不将自己编的这本书取名为字典，而称《说文解字》呢？

原来，古代的“文”和“字”是有区别的。独体的不可分析的象形字、指事字叫作“文”；合体的可以分析的形声字、会意字叫作“字”。这些字拆开来可以讲得有声有色，特别是那些拆字先生或测字先生，对此更是擅长。一些名人学者则能把一些字拆解得有独到见解，例如辜鸿铭先生拆“妾”字。

辜鸿铭先生是位著名的学者。民国初年，他在北京大学任教授。据说辜先生很喜欢解字。

辜鸿铭先生为人性格开朗，讲话诙谐幽默，他常趁解字之机，讲些调侃的话，使听者捧腹大笑。

这天，有两个美国女学者拜访辜先生。她们由世界女权运动讲到中国的妇女解放。她们对中国男子纳妾特别反感，并问辜先生：“‘妾’字为什么这样写？”

辜先生答道：“妾字，上面是个立字，下面是个女字，就是指站立在那儿的女子便是妾。”

两位女士说：“她们站在那儿干什么？”

辜先生笑着说：“站在那儿当靠手，让男子疲倦时靠一靠呀。”

两位美国女士愤然反驳：“女子累了，为什么不可将男子作靠手呢？”

辜先生从容答道：“你在中国，可常常看到一个茶壶配四个茶杯，可曾见过一个茶杯配四个茶壶的？”

在场的人听了，都哈哈大笑。我们并不认为辜先生赞成纳妾，但他这番话，也确实说出了当时中国社会的现实啊。

qiè

窃

金文

小篆

竊
隶书

窃
楷书

把米偷到洞穴中——窃

古代的“窃”字是个会意字。字形很复杂，写作“竊”。它由“穴”和变形的“米”“萬”这三部分组合而成。

“穴”，指洞穴，也指人住的“土室”，也就是家。

“米”，指储藏在家里的粮食。

“萬”字在古代是个象形字，字形像蝎子。当时在中原一带，这种虫儿随处可见，成千上万，所以后来变成数词“萬”。在这儿泛指“虫子”。

这三个字形传递一个什么信息呢？有人认为，“穴”是人住的家，家中有米，而虫子偷吃米，合起来指“虫子在家中吃米”，含有偷盗之义。

也有人认为，这三个字组合起来，表示虫子把米偷到洞穴中藏起来。一般说来，有些虫子会使米变质，这是米蛀虫。它损坏了米，但没偷走，偷吃而已。而真正有“盗窃”之义的，恐怕还是老鼠之类，它们会把一时吃不完的米，运到别处，挖个洞穴藏起来，这才是偷窃。

“窃”字的本义指“偷盗”，如有关偷窃的案子称“窃案”，篡夺国家政权的人称“窃国大盗”，用不正当手段占据称“窃据”。窃取、窃贼、盗窃、惯窃、剽窃、失窃、行窃、偷窃等词中的“窃”字都是指“偷盗”。

“窃”字由本义引申指“暗暗地”，如偷偷地笑、暗中讥笑称“窃笑”，暗自高兴称“窃喜”，私下里小声交谈称“窃窃私语”。

“窃”字假借作“谦称自己”，如窃以为、窃谓、窃闻、窃思等。

小“窃”贼变巧锁匠

无锡梁溪谜语研究会，有一日在西水关茶楼聚会，中心议题是如何将谜语和故事结合起来，编写一本谜语故事书。

周其良对此最感兴趣，他的邻居刘师傅有一个儿子阿兴。这阿兴也怪，从小就喜欢把闹钟和锁之类当玩具，家里几把锁都被他摸得亮晶晶的。他每打开一把锁，就笑得合不拢嘴。刘师傅说：“我们家出过金匠、铜匠，这小子将来要成锁匠啊。”

这话被刘师傅说中了。阿兴刚上初中，“万能小锁匠”的名气就传开了。有个盗窃团伙看中了他，先派人带他吃喝玩乐，后来又引他赌博，等他欠了一大笔赌债的时候，这帮人就逼他一同盗窃，专门负责开锁。事情的结果可想而知，案发后，他和盗窃团伙一同被抓，被学校开除。因属未成年人，阿兴被转到工读学校受教育。周其良曾问过他，在工读学校受教育最大的收获是什么？他说那儿的老师经常跟他讲，聪明不要被聪明误，不要以为自己思想开窍，是能工巧匠，结果就动歪心思，去做窃贼。周其良听不明白，问他这话是什么意思？阿兴说刚进工读学校时，他把“盗窃”写成了“盗窍”，老师教他写“窃”字，还说这“窃”字的上面是狗洞，切记，好人不能钻狗洞。这样他记住了“窃”字。

阿兴毕业回家后，知道自己败坏了家族的荣誉，整日闭门不出。一天，刘师傅回家，见厨房血迹斑斑，一看，阿兴用菜刀切下了自己一根小拇指，以示永不赌博，决不再当窃贼！

刘师傅伤心地说：“你切记在心就是了，也犯不着切断手指呀！”

阿兴断指明志的事很快传了出去，街道办事处为他办了个修车修锁的营业执照。他生意红火，热心待人，也热心从事社会公益活动，成了当地的道德模范。如今他的名片上赫然写着：市公安局特聘开锁专家。

众人听罢，细细琢磨起来。简体字“窃”字，编个“好人切莫钻狗窝”的故事倒也可以。至于“窃”字跟“切指明志”能否成故事，还有待讨论。

赞叹的样子——钦

qīn

钦

金文

小篆

隶书

楷书

金文的“钦”字是个象形字，像一个人张着大嘴巴，发出赞叹的样子。其本义就是赞叹的样子。

小篆的“钦”字是个左右结构的形声字。它的左边是个“金”字，表示读音。

那么，这“欠”字表示什么意思呢？在金文和小篆中，“欠”字都像一个人张开大嘴巴打呵欠，气从口中吐出来。用在“钦”字中，恐怕不是指打呵欠，而是取其张大嘴巴这一点，表明它是一副赞叹的样子。所以“钦”字的本义仍然是指赞叹的样子。

对一个事物表示赞叹，这就有佩服、敬重的意思，如钦佩、钦仰、钦敬。

又引申指皇帝亲自做，如钦定、钦赐，皇帝亲自派出的大臣叫“钦差大臣”。

也有人认为，“钦”字是个形声兼会意字，“欠”为形符，“金”为声符，本义指“恭敬、敬重”。

“欠”与“钦”有什么关系？因“欠”有不足之意，一个人知道自己不足是谦虚的品质，是令人尊敬的。“金”则表示质量极高、很重，而对人恭敬，态度必须凝重，所以用“金”字作声符并会意。这一说法，也颇有道理。

【瓦当欣赏】

秦汉瓦当

没有路费了——钦

清朝咸丰年间，江苏金坛有一个县官，远在河北的哥哥特地来看望他，住了些日子，便告辞回家了。

过了两天，县官总是放心不下，怕哥哥在路上出什么意外，就把测字行家周亮工请来给占断一下。

周亮工让他在布口袋里抓个字，县官伸手抓出个“钦”字。

周亮工看罢，苦笑着说：“你的家人倒是安然无恙，只是不能顺利回到家。因为‘钦’这个字，拆开之后是‘欠’‘金’二字。欠金，乃是缺少资金的意思。既然你哥哥欠缺资金，就是说他没有路费了。他才走了没几天，看来只有折身而返了。”

周亮工话音刚落，县官家的仆人走进来告诉县官，他哥哥因路上遇到强盗，盘缠被抢走了，只好返回来，过几天再走。

感情深厚关系近——亲

qīn

亲

金文

小篆

親

隶书

亲

楷书

古代的“親”字，是个左右结构的形声字兼会意字。左边的“亲”字是声符，读“qīn”。右边的“見”字是形符，表示用眼睛看，也可理解为常常见到。这两个字形组合在一起，指“感情深厚，关系很近”。

“見”字指看见。经常看见，就显得靠近、密切，相互关系就更亲近，所以“親”字用“見”字作形符。

古人为什么用“亲”字作“親”字的声符呢？因为“亲”指一种多刺的荆棘jí，上面的刺与刺挨得很紧，有密切的意味。而“親”指互相关系密切，所以“親”字用“亲”字作声符并会意。

小篆的“親”字由金文演变而来，但略有变化。隶变后写作“親”，简化时，用声旁“亲”来表示。

“亲”字的本义指“感情深厚，关系密切”，如亲近、亲热、亲信、亲昵、亲爱、亲密无间等。

“亲”字由本义引申指“父母”，如双亲、父亲、母亲。由此义引申指“有血缘或婚姻关系”，如亲戚、亲生、亲友、亲属、亲眷、亲人、表亲、嫡亲、近亲、投亲、远亲、至亲、大义灭亲等。

“亲”字由上义又引申指“婚姻”，如说亲、定亲、迎亲、成亲、娶亲、求亲、招亲等。

“亲”字由本义引申指“自己”，如亲笔、亲耳、亲口、亲历、亲手、亲眼目睹等。

“亲”字是个多音字，读作“qìng”时，引申指夫妻双方的父母彼此的关系或称呼，如亲家、亲家公、亲家母。

见立木顿生“亲”情

对部分笔画繁多的汉字作简化，有利于人们学习和书写，尽管有些简体字显得不尽如人意，但简体字的作用功不可没。时下有些人调侃简体字，说“開関无门”、“鄉里无郎”、“无心怎能愛”、“不见怎能親”这些俏皮话，对一些简体字提出了善意的批评，也引起了众多钻研汉字的人的共鸣。但简体字如何完善，却不是件容易事。

有些人对汉字情有独钟，他们沉浸在汉字世界里，对待汉字就像对待稀世珍宝一样，是不想让人轻易接触的。

无锡梅村有位陈老先生，客居以色列数十年，是位老华人。这年他回故乡，车子离村三里路，他就要求下车步行。他说回家见祖宗，要三步九叩首，怎能坐车子？

当他看到远处一棵高大的银杏树时，已忍不住老泪纵横，哭泣起来。他断定，那是他儿时离家前，跟父母一块儿种下的，如今已高入云端，长成参天大树了。

到了银杏树前，他跪下磕头，还连声祷告。他对随他回来的几个儿孙说：“这是家乡的树，是你们的祖辈栽下的。看到这棵树，我的乡情、亲情涌上心头。当年种下这棵树，就是要留下一条根，我们家的根就在这里呀。我教你们写的‘親’字，左边就是‘立木为树’的意思，右边的‘見’字就是亲眼所见、亲手所为。如今树还在，根还在，乡情、亲情都还在啊。”

据陈老先生说，世界上许多民族都喜欢种树，但没有一个民族，能像以色列人那样热衷于种树。他们把种树当成爱好，当成习惯，走到哪儿，种到哪儿，即使战火纷飞，也不忘种树。他们想的，并不仅仅是前人栽树，后人乘凉。他们栽下一棵树，就像种下对大地的亲情。

陈老先生对繁体字“親”字，有别出心裁的解释。“见立木顿生亲情”，除了可看作是个字谜，又何尝不是一种热爱故土的情怀呢？

两手举杵舂米——秦

qín

秦

甲骨文

金 文

小 篆

秦

隶 书

秦

楷 书

"秦"字是个会意字。

在最早的甲骨文中，"秦"字分为上下两部分。上半部的左右是两只手。中间是一个"杵"的形状。这"杵"，读"chǔ"，是一种一头粗一头细的圆木棒，用来在石臼里捣粮食用的。下半部是两棵稻谷，象征成熟了的庄稼。这是一幅两手举杵正在舂米的丰收景象。后来字形简化，成了上面是"舂字头"，下面是个"禾"字。

"秦"是春秋时代的诸侯国，地处陕西中部和甘肃东部，这是片肥沃的土地，号称八百里秦川，自古就是大粮仓，是我国古代农业发达地区。

战国末年，秦始皇统一中国，建立了秦王朝。所以"秦"指"秦朝"，也指陕西这一带地方。

"秦"字也作姓氏用。

汉《礼器碑》

北魏·石门铭

唐·褚遂良《孟法师碑》

唐·怀素《草书千字文》

春秋各一半——秦

根据传说，秦始皇的“秦”字，原来不是这样写的，而是上面两个王，下面一个木，就是这个“琹”字。

秦始皇名叫“嬴政”。他在统一全国后，为了重立国号，动足了脑筋。对这“琹”字，他很不满意。他认为，一国不能有二王，要大臣们选个同音字当国号。

大臣们遵照秦始皇的旨意，想来想去，认为秦始皇统一全国，功劳最大，应该记入史书《春秋》中。但究竟用什么字作国号，却说不出来，只得向秦始皇汇报，说得慢慢思考。

秦始皇听大臣们提到“春秋”二字，灵光一闪，连忙说：“对，寡人乃千古一帝，就用‘春’‘秋’各一半为国号吧。”

大家不解其义，秦始皇提笔写了个“秦”字，说：“就用这个字为国号吧！”于是便有了“秦朝”。

这“秦”字的上半段是“春”字的一半，下半段是“秋”字的一半，所以称“春秋各一半”。

qín

琴

金文

小篆

琴

隶书

琴

楷书

拨弦乐器——琴

小篆的“琴”字是个象形字。这是一把古琴的形状，上面是琴弦，下面是琴体。

先说上面的琴弦。琴弦由五根增加到七根，人的手指利用按弦时变更弦的振动频率，能在一根弦上奏出不同的声音，这是古代乐器及演奏技法的一大飞跃，比“瑟”前进了一大步。

再说下面的琴体，是木制的，起共鸣箱的作用。

后来的楷书有所变化，“琴”字变成了形声字。上面的“玨”表示形，下面的“今”表示读音。

“琴”的本义是指一种拨弦乐器，也称七弦琴，俗称古琴。

“琴”引申为某些乐器的名称，如钢琴、口琴、小提琴、手风琴。

与“琴”有关的名称，如琴师、琴房、琴弦、琴书、琴键。

“琴”字也作姓氏用。

晋·索靖《淳化阁帖》

隋·智永《真草千字文》

唐·怀素《草书千字文》

元·鲜于枢《三希堂法帖》

义正词严对下联——琴

清朝末年，朝廷腐败，中国被外国列强当作肥肉，一块一块地蚕食。八国联军侵入中国后，清政府被迫“媾和”，割让土地、赔偿金银。有些洋奴才不以此为悲，不以此为耻，反而以此为荣。

有一天，在一个洋买办举行的宴会上，有个卖国贼竟然肉麻地抛出一个上联，请人对出下联。上联是：

琵琶琴瑟八大王，王王在上。

从文字上讲，这个上联以四种乐器为名，每个乐器名称上都是两个王字，共八个王，而且每个王都在上面。可以称得上构思巧妙，值得玩味。但推敲它的内容，却令人愤怒，使人厌恶，显示出出联者的一副狗奴才嘴脸。他把八国联军称为八大王，而且王王在上，吹捧洋人至高无上的权威。

这个洋买办出了上联，满以为会招来其他人的应和，不料，席上一人金刚怒目，愤然对道：

魑魅魍魉四小鬼，鬼鬼犯边。

这下联以四个带“鬼”的字，痛斥了帝国主义侵略中国的罪行，不仅对得工整，而且义正词严、掷地有声，大长了中国人的志气，灭了洋奴才的气焰。

禽

qín
禽

甲骨文

金 文

小 篆

禽
隶 书

禽
楷 书

甲骨文的“禽”字是个象形字，字形像一把长柄的捕鸟网，表示“捕捉”。

金文的字形由甲骨文演变而来，但略有不同，它在上面加了个“今”字。小篆承接金文，并使其整齐化。隶变后，楷书写作“禽”。

金文的“禽”字由象形字改成了形声字。下面的字形像网，上面的“今”字作声符，两形合一指捕鸟的网，本义指“捕捉”。后来这个本义被后起的“擒”字取代，这就是人们常见的“擒拿”的“擒”字。而原先的“禽”字由本义引申指所有的鸟类，如飞禽、家禽、猛禽、野禽、珍禽。

也有人认为，“禽”字是个会意字，由“人”字和“离”字组成，意为“远远地离开人”。飞禽总是远远地离开人，“羅”（罗）字、“難”（难）字、“虧”（亏）字都有个“隹”字，指短尾巴鸟。由此可见，鸟类历来是遭受人类捕杀的对象，所以鸟禽离人越远越安全。而“禽”读音通“勤”，指鸟儿自食辛勤。勤奋是鸟的天性，老话说，“人为财死，鸟为食亡”，这正是鸟类辛勤一生的写照。

这种理解，充满诗意和哲理，讴歌了飞禽的美德，同情它们的不幸。这种解释，是按现今楷书的字形来分析的，此说并无不可。但追本溯源，要探讨其本义，恐怕还是要从甲骨文、金文、小篆的字形谈起吧。

人已离去——禽

夫子庙的测字先生胡铁嘴，因识草药，懂中医，所以来求测生老病死的特别多。这老头交游广众，许多在南京做生意的外地人，都把他当作知己，碰到为难事儿，都来找他商量。

这天天气阴沉，胡铁嘴担心下雨，便没设摊测字，独自在花鸟市场转悠，散散心，等太阳出来再说。

胡铁嘴正逗一只画眉鸟说话，忽听有人叫他，扭头一看，见浙江湖州在此卖笔的袁老板急匆匆地走来，上气不接下气地说："胡大爷，有件急事求你帮忙。刚刚家乡有人来，说贱内病重，要我尽快赶回去……"

胡铁嘴知道原委，心中有底，说："我除了测字，还能帮你什么？说吧，测个什么字？"

袁老板见四周铁丝网里都是禽鸟，便指着"禽鸟市场"四字说："就测'禽'字吧，说鸟字难听。"

胡铁嘴说："禽与鸟是一家。按你说的，就测'禽'字吧。"说着，他将袁老板拉到路边石凳上坐下，指着那"禽"字说："哎呀，袁老板，不吉利呀。这'禽'字指的就是你呀，你整年在南京，夫人寄居在舅舅家，虽说天上老鹰大，地上娘舅大，舅舅是亲人，但总是寄人篱下呀。你这'禽'字，上为'人'字，下为'离'字，'人'字是'会'字头，说你夫妻聚少离多。'离'字近似'篱'字，又指你夫人寄人篱下。她一人带两个孩子，重病在身，又寄人篱下，她过的是凄苦生活啊。"

袁老板急着问："我晓得她病重，还有救吗？"

胡铁嘴说："'禽'字拆开来是'内、人、**凶**'三个字。'内人'是指妻子，'**凶**'字乃凶恶象，由此推测，尊夫人病入膏肓（huāng），恐难医治了。"袁老板不死心，又追问："真的没救了？"

胡铁嘴道："我本不忍心告诉你。你既追问，那请看，这'禽'字上为'人'字，下为'离'字，人已离去，怎能复生呢？我劝你尽快回家看看吧！"

袁老板听罢，挥泪而别。

qín

勤

手持工具在劳动——勤

在金文和小篆中，“勤”字是一个形声字。左边的“堇”字读jǐn，是它的声旁；右边的“力”字是它的形旁，表示它和劳动、用力气有关。

从字形上看，“勤”字左半部分的“堇”字像一个人在劳动，右半部分是一个劳动工具的形状，所以我们可以推断，“勤”字的本义是指“劳动”。

在现代汉语中，“勤”字表示尽力做或不断地做、不偷懒，跟“懒”相对，如勤学苦练、勤劳、手勤。

“勤”又引申为在规定时间内准时到班的劳动，如出勤、缺勤、考勤、值勤。

“勤”还有勤务的意思，如内勤、外勤、值勤。

“勤”字也作姓氏用。

金文

小篆

勤

隶书

勤

楷书

汉·张芝《淳化阁帖》

唐·颜真卿《争坐位稿》

明·董其昌

谜友庆功会——勤

江苏一家报业集团，在总经理曹南的带领下，进行改革。改革后面貌大变，业绩大增，曹南被评为改革先锋。集团里的谜友们要为他开庆功会，各人准备了谜语，要到会上露一手。

老罗是灯谜研究会会长。他第一个发言：“今日聚会，以字谜代替发言。我先说一个：‘目字加两点，莫作贝字猜’。”

小陈嘴快说：“太简单，就是‘贺’字。听我的：‘一字七横六直，世上少有人识；有人去问刘备，刘备去问孟德’。”

老王随口叫道：“老掉牙了，这是个‘曹’字。听我来个现代的：‘上看是教堂，下看是银行’。”

小陈脑子灵活，他想：我说了曹总的曹字，他说的该不是曹总的名吧？他一琢磨，哈，是“南”字。上面的“十”字是基督教堂的标志。下面“羊”字少一横是钱币的符号，外面再加个框，代表银行。他举手说：“这是曹南的‘南’字！”

这时，快退休的老吴假装训斥道：“别没大没小，曹总的大名是你叫的吗？听我的：‘曹总四化在心上’！”

小陈马上接话：“吴老头，你怎么自己出谜自己揭谜呀。这是曹总的‘总’字。‘总’字的上半部是‘四’字变化而来的。我问你，曹总为什么改革成功？我的字谜是‘改革成功’！”

这个字谜可把大家难住了。过了好一会儿，曹总说：“改革成功是大家的功劳，集团上下，齐心协力，都看重一个勤字，对吗？在这里，我要做到‘说话十分得体’！”

大家热烈鼓掌。曹总猜出小陈的谜底是个“勤”字，他最后说的谜底是个“谢”字。“勤”字可拆成“革”字和“功”字。“谢”字可拆成“言”“身”“寸”三个字，这也可理解为说话得体，有分寸，也就是说话十分得体！

读者朋友，细细品味这几个字谜吧，真是奇妙无穷啊。

捕获捉拿禽与兽——擒

qín
擒

甲骨文、金文和小篆的“禽”字是象形字兼会意字。甲骨文的“禽”字像一把长柄捕鸟网，表示“捕捉”之意。金文加上“今”字作声符。

小篆承接金文，并使其整齐化。隶变后的楷书写作“禽”。这个字的本义为“捕捉”，这是个动词，不是“飞禽走兽”一词里的名词。“禽”字是后来出现的“擒”字的本字，是最早的“擒”字。

“禽”字由“捕捉鸟”引申泛指“捕获、捉拿”；用作名词时，也指被擒获捉拿到的鸟类，如禽兽、家禽。古代也将“禽”字作为鸟兽的总名，如“五禽”指的就是“虎、鹿、熊、猿、鸟”。后来“禽”字专门用以指鸟兽、捕获之义便另加义符“提手旁”，写作“擒”来表示。这样，“擒”字就成了一个左右结构的形声字兼会意字。左边的“提手旁”作形符，表示跟“手”有关。右边的“禽”字作声符，读“qín”。

小篆

“禽”字与“手”字组合，指“手持捕鸟的长柄网”。

因是指“手持捕鸟的长柄网”，这跟手有关，所以古人用“提手旁”的“手”字作“擒”字的形符。

擒
隶书

因“禽”字是“擒”字的本字，是最早的“擒”字，所以理所当然地成了“擒”字的声符并会意。

擒
楷书

楷书的字形由小篆演变而来，写作“擒”。

“擒”字的本义指“捕捉”。如捉住、抓获称“擒获”；捉拿称“擒拿”，“擒拿术”是拳术中一种针对人的各部关节和穴位，用各种方法使对方无法反抗的技法。擒贼先擒王、束手就擒、欲擒故纵、擒龙缚虎、生擒活拿、七擒七纵这些词语中的“擒”字都是“捉拿、捕捉”的意思。

“擒”贼擒王

唐朝大诗人杜甫，被后世尊称为“诗圣”。他所生活的时期，正是大唐由兴盛朝着衰败转化的时期。

天宝年间，唐玄宗对西北、西南的少数民族战争越来越频繁。连年不间断的战争，不仅给边疆少数民族带来沉重的灾难，也给广大中原地区的人民带来同样的不幸。杜甫跟广大劳苦人民一样，过着流离失所，贫疾交加的生活。

杜甫忧国忧民，此时写了大量反映社会现实，反映人民疾苦的诗篇。天宝末年，西北边境的回纥hé和吐蕃bō这些少数民族侵犯唐朝边疆。唐王朝从全国征召大批军队前往讨伐。杜甫得知此事，预感到这场战争又将造成大批人员伤亡和财产损失，百姓更加困苦。他反对对外屈辱投降，但也不赞同这样劳民伤财，为扩大边疆领土而发动大规模战争。他为了表达自己的强烈愿望，接连写了《前出塞》诗九首，后来又写了《后出塞》诗五首。《前出塞》诗第六首较为著名。诗曰：

挽弓当挽强，用箭当用长。
射人先射马，擒贼先擒王。
杀人亦有限，列国自有疆。
苟能制侵陵，岂在多杀伤。

这首诗的大意是：拉弓就应当选最硬的弓，用箭就应当用最长的箭。射人应当先射他骑的马，擒拿盗贼就应当先捉住盗贼的首领。杀人也应该有个限度，大唐和外族原是有一定的封疆国界的。如若能够制止外族侵略，又何必大开杀戒死伤过多人的性命呢?

在这首诗里，杜甫发出了正义的呼声：拥强兵只为守边，赴边不为杀伐，这是安定边界的良策，也反映了国家利益和人民的愿望。

后人将诗句中“射人先射马，擒贼先擒王”，浓缩为成语“擒贼擒王”，指捉拿贼寇应当先捉住贼寇的头领，比喻做事要抓住关键。这一成语广为流传，通俗易懂，妇孺皆知。

qìn
沁

甲骨文

金文

小篆

沁
隶书

沁
楷书

渗入心脾——沁

甲骨文和小篆的“沁”字，都是由“三点水”和“心”字构成的，属行形声字。“心”是声符，“三点水”表示意思。在这儿，“沁”读作“qìn”，不能读作“xīn”。

“沁”的本义为渗入、侵润，如沁人肺腑、沁人心脾。

由“沁”的这一本义，我们不妨把“沁”字看作是个会意字，表明一种情感、一种香味，就像水一样渗入到人的心中。

“沁”也由渗入转为透出的字义，如伤口沁出血来、脸上沁出了汗珠。也有人认为，“沁”的本义指水名。“沁水”，发源于山西沁源县乐北绵山东谷，向乐南经河南武陟（zhì）县流入黄河。

【瓦当欣赏】

战国画像瓦当

秦汉瓦当

多了一撇，贻误战机——沁

1930年5月，冯玉祥和阎锡山联合起来，同蒋介石在河南南部展开了中原大战。开战前，冯玉祥和阎锡山相互约定，数日后在河南北部的“沁阳”会师，然后集中兵力，向蒋介石的部队发动进攻。商量好后，冯玉祥的大部队便日夜兼程，开始行动了。

这天清晨，警卫员报告说，部队已经顺利到达了“泌阳”。冯玉祥一听，顿时惊出了一身冷汗，连声怒吼：“混账东西，我们去的是‘沁阳’，跑到‘泌阳’干什么？”

警卫员一听，脸都吓白了。原来，冯玉祥的一个高级参谋在拟定命令时，一疏忽多加了一撇，把“沁”字写成了“泌”。“泌阳”虽然也在河南省，但和“沁阳”毕竟不是一个地方啊。

就是因为这小小的一撇，耽误了时间，失去了战斗的主动权，结果冯玉祥和阎锡山的部队惨败而归。

qīng
青

甲骨文

金文

小篆

隶书

楷书

草木的颜色——青

从金文和小篆的字形看，“青”字是个上下结构的会意字。上面是“龶”，是“生”字的变形。而“生”字的形状像草木刚露出地面的样子。下面的“月”，是由“丹”字变化而来的。而“丹”表示红色的矿井，因为“丹”字的外面像井的形状，其中的一点象征丹砂，这是一种红色矿物，可作颜料。

“生”与“丹”结合成“青”字，其本义就是指草木颜色。

“青”由草木颜色，转化指蓝色。天空是蓝色的，也称为“青天”。

“青”也指绿色，如青翠、青苔、青草、青山绿水；还指黑色，如黑头发为“青丝”，黑线为“青线”，黑衣服为“青衣”。

青色的庄稼正处于生长期，所以也用来比喻年轻，如青年、青春、青工。

“青”字还被用来形容面貌难看、凶恶，如脸色铁青、青面獠牙。

东晋·王羲之《淳化阁帖》

唐·欧阳询《草书千字文》

纪晓岚说“青”字

关于“青”字，民间流传着纪晓岚说“青”字的故事。

清朝乾隆年间，京城有个年轻的女子，因与丈夫争吵了几句，便萌发了出家的念头。她跟大学者纪晓岚沾亲带故，于是，找到大名鼎鼎的纪晓岚，诉一番苦之后，便写了一个“青”字，想让纪晓岚帮忙测测。

纪晓岚多少也晓得她的底细，略一沉思，劝道：“你写的这个‘青’字，说是‘清’不是‘清’，说是‘静’不是‘静’，这不清不静，哪里出得了家呀！”

女子听了，立刻打消了出家的念头，回去和丈夫重归于好了。

轻便的车子——轻

qīng

轻

輕
小篆

輕
隶书

轻
楷书

古代的“轻”字，是个左右结构的形声字兼会意字。左边的“车”字是形符，表示跟车子有关。右边的“巠”字是声符，读jīng。这两个字形组合在一起，指一种分量不重而又小巧的车子。

既然是车子，所以用“车字旁”作形符。古人为什么用“巠”字作“轻”字的声符呢？因为古代的“巠”字像缠绕在织机上的纵丝。丝有轻微很细的意思，所以“轻”字用“巠”字作声符并会意。楷书的字形由小篆演变而来，写作“輕”，后简化为“轻”。

“轻”字的本义指“轻便的车子”，如成语“驾轻就熟”，指驾轻车，走熟路，比喻承担熟悉、轻松的事务。

“轻”字由本义引申指“重量小”，与“重”相对。如重量较小、建造较易或使用方便称“轻便”；轻快敏捷称“轻捷”；不费力或轻松愉快称“轻快”；轻松灵巧或简单容易称“轻巧”；不紧张，不感到有负担称“轻松”。轻飘、轻重、轻舟、轻装等词中的“轻”字，都是分量轻的意思。

“轻”字由本义又引申指“程度浅”。如轻而柔和称“轻柔”；不重的程度浅的称“轻微”；简单容易或随随便便称“轻易”。轻风、轻声、轻伤、年轻等词中的“轻”字都是指“程度浅”。

“轻”字引申指“不重要”，如轻重缓急。“轻”还引申指“不庄重”，如轻薄、轻浮、轻狂、轻贱、轻佻；由此还引申指“看不起、小看”，如轻蔑、轻视、轻慢。

各抒己见谈“轻”字

这天，无锡梁溪谜语研究会的同人们，在会长马汉文家聚会。小陶在翻阅报纸时，忽然提出个怪问题：“你们说我是年青还是年轻？”

赵纪方说：“我本以为只有青年，没有年青。现在发觉既有年青，也有年轻。年纪轻嘛！”

老马说：“看来，‘年轻’的‘轻’字，只能从程度深浅上理解啰。‘轻’字以‘车’为形符，‘劲’字简省的‘坙’字为声符，指装载货物的车辆。其实，‘坙’字也可理解为车子所经过的路径。货物或人在车上，车走在平坦的大道上，人不用使劲推呀拉的，自然觉得轻松了。所以‘轻’字以‘车’‘坙’相组合。”

王林生说：“‘轻’字音与‘倾’相同。避重就轻、减轻负担是人的需求，是一种倾向，只有去掉重担，减去心理负担，人才轻松愉快。”

赵振南说：“‘轻车’是古代兵车，所以‘轻’与‘倾’同音。那时盛行车战，行军打仗，便于驾驭。轻车良马，轻车锐卒就是指战车，就连象棋上最灵活的也是车。”

赵纪方说：“看来，轻重的意思是由‘轻车’引申而来的。孟子说‘权然后知轻重’，是说权衡之后方知轻重。战国那位能说会道的铁嘴张仪，他有段名言‘积羽沉舟，群轻折轴，众口铄金’，指积聚轻的羽毛能把船压沉，众多轻的货物能压毁车轴，众人的谗毁之言能熔化金属，可见轻也不可看轻。”

马汉文说：“现在没有骑兵了，古代战争主要靠骑兵。轻骑指装备轻便、行动迅速的骑兵。‘轻’字由分量轻引申出不费力气的意思来。轻而易举、轻描淡写、轻松自如、轻举妄动、举重若轻这些成语中的‘轻’字，都是‘轻重’之‘轻’。”

小陶说：“如此说来，由‘分量轻’才引申出言行随便、不慎重、轻率的意思来，由‘轻率’又引申出轻狂、轻浮的意思来，由‘分量不重’还引申出轻视、轻蔑的意思来。可见这‘轻’字意义重大，分量一点儿也不轻。我们议论了半天，才只说了它的一点皮毛啊。”

qīng
倾

人的头歪斜不正——倾

小篆的“倾”字是个左右结构的形声字兼会意字。左边的“单人旁”指人，作形符，表示跟人有关。“倾”字右边的“顷”字读“qǐng”，作声符并会意。

“人”字与“顷”字组合，指“人的头部歪斜不正”。因是指人的头部歪斜不正，这跟人有关，所以古人用“人”字作“倾”字的形符。

古人为什么用“顷”字作“倾”字的声符呢？

小篆的“顷”字是个会意字，字形就是表示人的头部歪斜不正。因人的头部歪斜是短暂时间的事，所以“顷”字就借用指时间短，有“立刻，马上”的意思。为此，古人就在“顷”字旁加个“单人旁”，写作“倾”，代替“顷”，专门表示“头歪不正”。由此可见，“顷”字是“倾”字的本字，是最早的“倾”字，所以它理所当然地成了“倾”字的声符并会意。

楷书的字形由小篆演变而来，写作“傾”，后简化为“倾”。

“倾”字的本义指“歪、斜”。如倾斜也称“倾侧”，侧过耳朵称“倾耳”，细心地听取称“倾听”，歪斜也称“倾斜”，由上而下地流入称“倾注”，也表示感情、力量等集中到一起。

“倾”字由本义引申指“趋向”。发展的方向称“倾向”，也指偏于赞成对立事物中的一方。“倾”字由本义引申指“倒塌”，如倾倒、倾覆、倾轧（yà）。由本义还引申指“倒出、用尽、全部”，如倾盆、倾巢、倾诉、倾心、倾吐、倾销、倾慕等词。

小篆

傾
隶书

倾
楷书

是“倾覆”还是“倾倒”

有句成语为大家所熟知。凡用来形容女子容貌美丽，大都用“倾国倾城”这一成语来表达。这“倾城”与“倾国”的“倾”字，究竟表达的是什么意思？这就得仔细品味这一成语的出典了。

汉武帝有位宠爱的妃子李夫人，“倾国倾城”这句成语跟她有关。李夫人之所以能进宫当妃子，又与她的哥哥李延年有关。

李延年是汉武帝时期著名的歌唱家。汉武帝很喜欢听他的歌，将他聘为御用歌手。有一次，李延年放声唱道：“北方有佳人，绝世而独立。一顾倾人城，再顾倾人国。宁不知倾城与倾国，佳人难再得。”

汉武帝听罢，大为赞赏，也十分感慨，叹道：“人世间哪会有这样的美人呢？”

李延年答道：“我妹妹就是这样的美人！”

汉武帝当即召见，相见之下，果然是位绝色佳人，就封为妃子，宠爱无比。

李延年唱的“一顾倾人城，再顾倾人国”中的“倾”字，究竟作何解释呢？

唐代大学者颜师古的注解是：“非不吝惜城与国也，但以佳人难得，爱悦之深，不觉倾覆。”

从这句话可看出，颜师古认为这“倾”字是“倾覆”之意。也就是说，汉武帝为这女子，宁愿倾覆城池和国家也要得到她。对此解释，南宋学者袁文不以为然。他认为，这里的“倾”字是“倾倒”之意，“倾国倾城”指全城的人、全国的人都为她的美貌所倾倒。

看来，袁文的话是有道理的。汉武帝不是昏君，他是位有作为的皇帝，怎么会为一美女舍弃社稷江山呢？再说，李延年的目的是将妹妹献给汉武帝，他为汉武帝献歌，绝对不敢放肆地唱出要汉武帝倾覆国家来换取他妹妹啊。由此可见，“倾城倾国”这句成语出典指的是为之“倾倒”，而不是为之“倾覆”。至于后来有人为了美人而倾家荡产乃至放弃王位或者为之亡国，那已超出这一成语的典故范围了。

qīng
卿

甲骨文

金文

小篆

卿
隶书

卿
楷书

两人相对就餐——卿

在甲骨文中，“卿”字是个象形字，也是个会意字。字形像两个人相对而坐，两人中间是一个装满食物的瓦罐之类的食器，表示两人相对而坐在就餐。

也有的“卿”字的字形，写成两个人面对面地跪坐着，也是指两人对食，这就是最早的“鄉”字。“鄉”字读“xiǎng”，现在写作“乡”，指同乡的人聚在一起饮酒，引申指“用酒食招待客人”，泛指请别人享用。从这个意思上讲，“卿”字与“乡”的繁体字同源，是同一个字，到隶变后才分化为两个字。

“卿”字的本义指“两人对坐着吃饭”，后来假借指“高级官员的名称”，如卿相、上卿、国务卿。

古时，君王称亲近的大臣为“卿”，有的称“爱卿”。

古时夫妻或好朋友之间表示亲爱的称呼，形容男女间非常亲昵的常用词为“卿卿我我”。

白字先生的打油诗——卿

明朝洪武年间，山东泰安有位李姓财主，家有弟兄四人，子侄辈七八个，便聘请一位教书先生为孩子们启蒙读书。

这位先生姓白。李财主跟他约法三章：“白先生，我不是不相信你。丑话说在前头，薪酬一年三担稻谷，伙食每年四千文。如若教一个白字，扣稻谷一担；若教一句白字，扣伙食费一千。”

白先生见薪酬比别人家多，伙食费也不少，便签字画押答应了，当天便开馆授课。

李财主为让白先生散散心，便和他带着学童在泰安城走走看看。泰山脚下有块大石头，写着“泰山石敢当”五个大字。白先生对学童们说：“记着，这是秦山石敢当。”

李财主见他把“泰”字念成“秦”字，悄悄提醒他：“先生，你把‘泰’字读成‘秦’了，扣稻谷一担。”

回学馆，李财主站在窗外，听白先生授课。白先生讲《论语》时，竟将“曾子曰”读成“曹子曰”，将“卿大夫”读成“鄉（“乡”字的繁体字）大夫”。

下课后，李财主又提醒白先生：“今日你又读错两个字，扣稻谷两担。如今只剩下四千文伙食费了。”

白先生听了，自知理亏，只好认罚。

又过几日，李财主让他教《四书》。白字先生将书中“季康子”读成“李麻子”，将“王日叟”读成“王四嫂”。一连读错四句，这样，全年伙食费扣光了。

按预先约定，白先生只能白干一年，还得自带伙食。他心有不平，遂作打油诗一首，一则自嘲，二则发泄心中不满。诗曰：

稻谷三担作薪酬，
先被秦山石挡住。
一担留给“曹子曰”，
一担送给“乡大夫”。

qīng

清

金文

小篆

清

隶书

清

楷书

纯净透明的清水

小篆的“清”字是个形声兼会意字。左边“三点水”表示这个字与水有关。右边的“青”表示读音。本义指“水纯净透明”。

右边的“青”字，在甲骨文和金文中是会意字。上面是小草的形状，下面是一口井的象形。后来的小篆将下部的“井”字变为“丹”，楷书又将“丹”变为“月”字，成为“青”字。

为什么要细说这“青”字呢？关键是下面那个原先写作的“井”字，有人认为那是矿井之井，也有人认为那是蓄水之井，有水能长草，有草必然是青翠碧绿，这就是“青”字的本义。在旁边加上“三点水”，表示水纯净透明，没有杂质，如水清见底、清澈、清水。

“清”由水清转义为“单纯”，如清唱、清茶、清蒸。

“清”因没有杂质，又引申为“公正廉洁”，如清官、清廉、清白。

“清”又引申为“寂静”，如清冷、清静、清夜。

“清”还因为透明，可见到底，所以也表示一点不留，如清理、清算、清账。

“清”还表示清除不纯的成分，使组织纯洁，如清党。

“清”也表示凉爽，如清凉、清爽、清朗。

“清”还是中国朝代名称。

“清”字也作姓氏用。

“清”朝国号之谜

清朝是中国最后一个封建王朝。公元1616年，由满族人爱新觉罗•努尔哈赤所建，初名后金，1636年改为清，1644年入关，定都北京，逐步统一中国，成为当时亚洲东部最强大的封建国家。

1636年，皇太极即帝位，他为什么把国号“金”改为“清”呢?皇太极生前未作解释，后世的专家学者对此争论不休，于是便有了许多民间传说。

有人说，当初努尔哈赤作战时，骑的大青马，长途奔跑，累死了。努尔哈赤对大青马说：“大青啊，大青啊，你是为我累死的，将来我得了天下，国号就叫大青。”“青”与“清”同音，所以有此一说。

有人从音韵学角度解释，原国号为“后金”，“金”在满语中与“清”发音相近，所以用“清”。

也有人从历史方面解释，说原国号为“后金”，若进兵中原，会使汉族人想到南宋时岳飞抗金。皇太极为了减少阻力，就不用“金”而改用“清”了。

还有人从萨满文化来解释，“清”就是“青”，两字同音。青天通天，这样表示吉祥，所以用“清”。

还有人从阴阳五行和文字学的角度来解释，说“明朝”是被“清朝”灭亡的。明朝的“明”字，左边是个“日”字，“日”即是“火”。“清”字左边是“三点水”，而水可克火。“清”要灭“明”，所以努尔哈赤用有“三点水”的“清”字作国号。

说了这么多，似乎这最后一条最有趣。

内心的感情

qíng
情

金文

小篆

情
隶书

情
楷书

小篆的“情”字，是个形声兼会意字。左边是“竖心旁”，表示这个字与心理和思想有关。右边的“青”表示读音，也兼表意。

“情”的本义是感情，由外界事物所引起的爱、憎、愉快、痛苦、恐惧等心理状态，如情感、心情、情投意合、情不自禁。人的这种喜、怒、哀、乐的情感，都是发自内心，所以“情”字左边用了个“竖心旁”。又因为这“青”字指的是“深蓝色”，如人们常说的“青出于蓝而胜于蓝”。蓝色有“明晰可见”的意味，而人的喜怒哀乐等情感经常表露在外，也有明晰可见的意味，所以“情”从“青”声，兼表字义。

“情”表示状况，如情况、情状、情报、真情、病情、实情、敌情、内情。

“情”表示情意，如领情、恩情。

“情”表示事理，如事情、情理。

东晋·王羲之《澄清堂帖》

宋·王安石《停云馆法帖》

青姑有心即为情

唐朝年间，黄巢起义，天下大乱。福州名士周朴之率全家老小，外出逃难。周家公子名叫周玉章，身体瘦弱，逃难途中与家人走散，一个人在城外九仙山转来转去迷了路。

周玉章两天水米未进，只靠山泉和野果充饥。不巧的是，他走路时一脚踏上一条毒蛇，被咬了一口，顿时昏了过去。

也许是周玉章命不该绝，正巧有位名叫吴青姑的姑娘路过，见他倒地不醒，忙去喊来父母，将他抬回山洞，挤出毒血，敷上草药，救了周玉章一命。

原来，这吴青姑的父亲名叫吴忠励，是福州名医，全家逃难至此，在山洞里安家，已住几十天了。

吴青姑跟随父亲，不仅熟读诗书，而且也懂医术。她精心照料周玉章，周玉章很快康复了。

不久，战事平息，吴家回到福州。此时，玉章和青姑已互生爱慕之心，父母看在眼里，也就同意了这门亲事。

大喜之日，周玉章送来一副上联：

感青姑有心即为情。

青姑见了，当即写出下联：

羡玉章无点不成玉。

这天宾客盈门，人们无不称颂这段姻缘，对这副对联，更是赞不绝口。上联“青”字加“竖心旁”是个“情”字。下联“玉”字少一点便不成玉，就是赞美玉章像玉那样纯洁。一对有情人，互表爱心，情深意切，十分感人。

qíng
晴

夜间雨停星星出——晴

古代的“晴”字，是个左右结构的形声字兼会意字。小篆的“晴”字，左边是个“夕”字，作形符，表示跟夜晚有关。右边是个“星”字简化的写法，作声符，读“xīng”。两形合一，指“夜间雨停了，星星出现了”。

“夕”字有夜晚的意思，所以用作形符。星星只有雨停云散才出来，所以用“星”字简化的写法作声符并会意。

“晴”字的字形有个变化的过程。小篆“晴”字的字形不止一种，还有一种是以“夕”为形符，“生”为声符。俗体字写作“晴”，异体字写作“暒”，如今以“晴”为正体。

正体的“晴”字也是个左右结构的形声字兼会意字。左边的“日”字作形符，表示跟太阳有关。右边的“青”字作声符，读“qīng”。两形合一，指“太阳出来了，天空无云”。

古人之所以用“青”字作“晴”字的声符，是因为“青”指深蓝色，有明晰可见的意思。而天上万里无云，就显得非常清晰明亮，所以“晴”字以“青”字作声符并会意。

“晴”字的本义指“夜里雨停见星星”，后引申指“雨止云散，天空放晴”，如晴天、晴朗、晴秋、晴空、放晴、雨过天晴、晴空万里、晴天霹雳。

小篆

晴
隶书

晴
楷书

测“晴”字劝续前缘

民国年间，南京马道街有位姑娘，名叫徐青，跟同一大院的小伙子马成良相爱。徐青长得漂亮，上过小学。父母嫌贫爱富，逼她嫁给南洋富商做填房。徐青宁死不从，当夜跳窗逃到北极阁的鸡鸣寺，削发当了尼姑，法名清静，表明万念俱灭，只想在诵经念佛中苦度余生。一晃五年过去，马成良以进香为名，找到徐青，诉说自己婚后艰辛，妻子因难产身亡，现在孤身一人，常在梦中见到徐青……

徐青心动了，但拿不定主张，便冒雨赶往夫子庙，找她颇为信任的胡大爷商量。

胡大爷便是夫子庙测字大师胡铁嘴。当年他们住一个大院，胡大爷还常教她识字呢。

徐青赶到夫子庙文德桥，正巧云开日出，雨停了，胡铁嘴正搬桌椅设摊。徐青说明来意，胡铁嘴亲切地说：“这个字，我来替你测测。”

徐青收起伞说：“正巧天晴了，就测‘晴’字吧。”

胡铁嘴提笔写了个“晴”字，呵呵地笑着：“真是见到神仙了。今日是十月初二，你看这‘晴’字，可拆成十月二日，天意呀。你来时阴雨，到我这儿雨停，这是好兆头啊。你要问的事，跟眼前景色，可谓情景交融。你看，这‘情’字右边为‘青’，又是你的芳名，也是‘晴’字右半边。这‘景’字上的扁‘日’字，可作‘晴’字的左半边。‘情、景’二字组成‘晴’字，谁不喜欢晴空万里呢？”

胡铁嘴又说：“成良是个好小伙子。他来找你，正是‘昨日之情，尚存一半’呀。徐青听到这儿，不由心动了。胡铁嘴看在眼里，直截了当地说：你名徐青，法号清静，其实‘青’字像‘清’不是‘清’，像‘静’不是‘静’，如今要‘清静’又不能‘清静’，我看你就还俗吧，嫁给成良，续了前缘。再说‘晴’字中的‘青’字，上半部像‘生’字，下半部像‘育’字，择日成婚，生育有望，子孙满堂。你若点头认可，大爷我就给你作媒了。”

徐青听了，微微地点了点头。

qǐng
请

金文

小篆

隶书

希望得到——请

金文和小篆的“请”字是形声字，以“言”作形符，表示与讲话有关，以“青”作声符，其本义指“有所求”。“言”字旁简化后为“讠”。

也有人认为，古代的“请”字是形声兼会意字。“言”为形旁，指“拜见地位高或辈分高的长者”，拜见时必定有所陈述，所以用“言”作形符。声符“青”应理解为“情”，古代“情”的简省写法为“青”。“情”有把情况陈述的意思，所以“请”以“情”，也可以说以“青”作声符并会意。

“请”的本义为“希望得到”，也就是有所求，如请功、请假、请教、请命、请求、请示、请愿、请战、请罪、报请、申请、请君入瓮。

“请”由本义引申指“邀、聘”，如请柬、请客、请帖、敬请、恳请、聘请、邀请、有请。

“请”由本义还引申指“尊重”，作敬词用，如请安、请问、请准时出席。

“请”字也作姓氏用。

唐·颜真卿《忠义堂帖》

宋·米芾《乐兄帖》

猜字谜以礼相待——请

明朝时，扬州有位刘秀才，一生研究汉字，竟然到了痴迷的程度，自号“字痴”，人称“刘痴子”。

安徽有位何秀才，也是位钻研汉字到入迷的人。他听说世上竟有比他更痴迷的人，特地赶到扬州来拜访。

何秀才一进门，便深深一拜，彬彬有礼地念了一首字谜诗：

寺庙门前一头牛，二人抬个哑木头，
未曾进门先开口，闺房女子紧盖头。

刘秀才是何等人物！他痴迷汉字数十年，这首小诗岂能难住他。他想也不想，已猜出这四句话暗含四个字，拼成了一句话。他双拳一抱，还礼道：

言对青山不是青，二人土上在谈心，
三人骑头无角牛，草木丛中站一人。

何秀才听了，想了一番又是深深一拜，赞道：“刘兄高才，果然名不虚传，何某佩服！佩服！”

刘秀才哈哈一笑，躬身相邀，并说道：“何兄，此话不老！”

何秀才一迟疑，暗暗思忖：“此话不老”，是何意思？再一想，忙拉着刘秀才的手，迈进了大门。

原来，这两位秀才一问一答，说的都是字谜。

何秀才吟的那首诗，暗含的四个字是“特来问安”。“特”字左半边为“牛”，右半边为“寺”；“来”字的繁写是“來”，所以说“二人抬个哑木头”；第三句是“问”字；第四句为“安”字。

刘秀才的回答是“请坐奉茶”。“言对青山不是青”，是个“请”字。刘秀才接着说的“此话不老”，也是个“请”字。“青”为青年、青春，与“言”相配，不是“此话不老”吗？

qìng

庆

甲骨文

金文

小篆

慶
隶书

庆
楷书

诚心去祝贺——庆

在金文里，“庆”字是一个会意字。字形像一个人披着鹿皮做成的衣服，捧着一颗心的样子，表示真心诚意地去祝贺别人。

小篆的“庆”字是由“心”和“夊”（止，也就是脚），加上“鹿”这三部分组成。为什么用这三部分来组合呢？为什么特别用“鹿”字来表达呢？

原来，古代在祝贺人家喜事时，都用象征祥兽的鹿皮作礼物，以表达至诚之心。

“庆”字的繁体字为“慶”，这也是个会意字。中间是一个“心”字，外面披着华丽的鹿皮做的衣服，就像人们穿着一身新衣裳，怀着美好的心愿，迈着欢快的脚步，去参加亲戚朋友的庆礼一样。所以“庆”字与吉祥喜庆有关。

凡是节日或重大活动，一般都会举行一些有意义的庆祝活动，如庆功、庆寿、庆丰收、国庆。

唐·褚遂良《雁塔圣教序》

宋·苏轼《三希堂法帖》

“庆”字的悲剧

简化字的“庆”，外面是“广”，里面是“大”。这样的简化，既省了笔画，又有一定含义，这个字简化得好。

许多人在写“庆”字时，往往会顺手加上一点，写成“庆”。这是个错字。写个错字当可一笑了之。但一位老书法家，却为此送了性命。这是“十年动乱”期间的真实故事。

刘克方是苏南一所教育学院的中文系教授，也是位颇有名气的书法家。这年，全国各地成立“革命委员会”，各个“造反派”组织纷纷贴出大标语，欢呼“革命委员会”成立。

有一个“造反派”头头见老教授们闻风不动，大为恼火，勒令他们也要表态，在校园里写大标语。

老教授们一商量，就请刘克方写一幅。刘老先生觉得义不容辞，就挥笔写了“热烈庆祝市革命委员会成立”十二个大字。墨迹未干，就被人拿去贴在教学大楼的高墙上。

不知是墨汁流下来，还是刘老没当心，这“庆”字里的“大”字上多了一点，成了“犬”字。不到半小时，校园内沸沸扬扬，说发生了“反革命”事件。广播站的大喇叭愤怒声讨，说阶级敌人放暗箭，有意把“庆”写成“庆”字，污蔑广大人民群众是狗欢喜，并宣布下午批斗写这个字的现行“反革命”分子。

【瓦当欣赏】

战国画像瓦当

qióng

穷

金文

小篆

窮

隶书

穷

楷书

身困洞中无法用力——穷

古代的“穷”字，是个上下结构的形声兼会意字。上部的“穴”，表示与洞穴有关。下面的“躬”，读“gōng”，是声符。

“穴”是个象形字，像岩洞或土室的样子，在这儿指洞穴。“躬”的本义指人的身体，也表示人身体弯曲的意思。两形相合，即表示人困在洞穴里，有力使不出，含有“完了”的意思。其本义为尽头、完了，如穷竭、穷寇、穷期、穷途、技穷。

也有人认为，这“躬”字并不是人困在洞穴中，而是人使尽力气往洞里钻，一直要钻到洞底，其本义是“穷尽、终结”，如无穷无尽、日暮途穷。

以上两种说法，都有道理，所指本义在“穷”字的字义中都有充分的体现。

“穷”由本义引申指“达到极点”，如穷究、穷忙、穷兵黩武、穷奢极侈、穷凶极恶。

“穷”由“完了”又引申指“没有、极少、缺乏财物、生活贫困”，如穷国、穷苦、穷人、贫穷、受穷、穷山恶水、穷乡僻壤。

“穷”字作副词用时，表示在财力、能力不够的条件下，却还要勉强去做本不应该做的事，如穷讲究、穷折腾、穷开心。

汉《乙瑛碑》

“穷”书生感叹“穷”字

民国初年，钱家在苏州城里是个大户。钱氏家族以经商为主，有开钱庄的、开饭馆的、开当铺的……都是家财万贯。

钱万成和钱文俊是远房堂兄弟，他们是钱氏家族第三代了。两人年龄相同，志趣相同，常有往来，如亲兄弟一般。据祖辈说，钱万成家的钱庄，是钱文俊的爷爷资助开张的，文俊家的祖辈有恩于万成家。

天有不测风云，一场大火把文俊家的当铺烧了个精光。为赔偿客户的损失，文俊的父母变卖了所有家产，成了穷光蛋。

文俊家穷困潦倒后，没人再上门了。这天，万成的父亲来找文俊，说万成忽然拉肚子，不能参加大学考试，要文俊去顶替一下。好在两人面貌相似，没什么风险，答应事成之后有一笔钱给文俊。

不料，监考官发现了文俊是顶替者，文俊被送进警察局，关了半个月才放出来。

遭此打击，钱文俊万念俱灰，竟看破红尘，到镇江金山寺剃度出家，当了和尚。离家时，他给父母留了一副对联：

钱有二戈，伤坏古今人品，
穷只一穴，埋没多少英雄。

上联繁写的“钱”字，右边是两个“戈”字。“戈”为武器，可以伤人。这儿所写的是伤人品，而非人身。恐怕钱文俊也有自责之意，他是为钱而去冒名顶替的啊。

下联“穷”字上面为一“穴”字，“穴”能埋人，这儿指埋没人才。钱文俊很自信，他认为自己就是被埋没的人才。

两个并立小土山——丘

qiū

丘

甲骨文

金文

小篆

丘

隶书

丘

楷书

甲骨文的“丘”字是个象形字，也是个会意字。字形像地面上并立的两个小土山。

金文的字形由甲骨文演变而来，但变化较大，成了个由“一”字和“北”字组成的字。下面的“一”字表示脚下的土地，上面的北字像二人相背，指“二人为小土山所阻隔”的意思。

小篆的字形由金文演变而来，与金文相似。楷书的字形由小篆演变而来，写作“丘”。“丘”字的本义指“小土山”。

也有学者认为，甲骨文的“丘”字是象形字，字形像古人穴居的废窑包。古人造穴，先在高地上挖坑，上面覆盖树枝兽皮，穴洞两边向阳的方向留两个洞口作进出用。所以“丘”既表示废墟，又表示土山，本义指“建在高地上的废窑包”。

“丘”字的本义应该是指“小土山”。如连绵成片的小山称“丘陵”，沙漠、河岸、海滨等地由风吹而形成的沙堆称“沙丘”，由风蚀等原因形成的成群的石质或土质的小丘称“残丘”。还有荒丘、蚁丘等词。

“丘”字由本义引申指“坟墓”。如丘墓。

成语“一丘之貉（hé）”指同一个山丘上的貉，比喻彼此相同，没有差别的坏人。

“丘”字也作量词用，如一丘田。

“丘”字也作姓氏用。

不知孔子名丘

中华民族是个多民族国家，在历史发展过程中，曾有辽、金、元三个朝代是由少数民族建立政权的。由于文化的差异，文字也有不同，所以在习俗上有差异，在避讳制度上也不一样。因此，史学家把这一时期称为“特殊期”。

如何理解“特殊期”这三个字？是特别严厉，还是特别宽松？由两个例子，可看出全貌。

金兵侵入中原，南宋在江南杭州建立小朝廷苟且偷生，宋徽宗、宋钦宗两位皇帝及皇后均被俘虏，押往北方关押在牢房里。在他们被囚禁期间，朱皇后得了重病，躺在冰冷的地上不断地呻吟，看守的人还要谩骂她。宋钦宗可怜巴巴地向看守人求情：“我们已是国破家亡的人了，你就怜悯我们，取点热水给我们喝喝吧！”

看守的人恶狠狠地教训他：“我国犯禁令之罪，胜过杀人之罪。你呼叫‘悯’字，已是大罪了，还敢要热水喝吗？”说罢扭头就走，不再理他。因为金太祖完颜阿骨打汉名叫完颜旻。这“旻”字读“mín”，表示秋天、天空。这字与“悯”同音，所以说宋钦宗说“怜悯”一词犯了忌。由此可见，金朝避讳之严厉。

到了元代，虽然对皇帝的庙讳要求不太严格，但是对孔子的名讳却是一定要避讳的。要求避讳到什么程度呢？据史书《至正直记》记载：“丘”字，是圣人孔子的名讳，子孙读经书、史书时，凡是遇到“孔丘”字样的，都要避讳，改读为“孔某”。书上的“丘”字，都是用红笔圈上的，若是遇到单个的“丘”字，都要读作“区”，读音略有不同。对那些以“丘”字押韵的诗句，都读作“休”。与“丘”字意义相同的字，就读成“如那个字”，就像表演相声那样，不能说出“丘”字。

这个严格的规定，在避讳史上也是少见的。孔丘之名，先生不敢读，学生不知道，以至入学儿童读了十年书，只知道孔子姓孔名某，不知孔子姓孔名丘。这种严格得不近情理的避讳，真是害人不浅，误人子弟。

qiū

邱

甲骨文

金文

小篆

邱
隶书

邱
楷书

与地名有关的邱

说到“邱”字，不得不说“丘”字，因为在古代，“丘”与“邱”用法相同，几乎是同一个字。

先说“丘”字。有人认为，甲骨文的“丘”字是象形字。字形是两个山丘的形状，本义指“因地势而自然形成的两个小土山”，如土丘、沙丘、荒丘、丘陵。

金文的“丘”字由甲骨文演变而来，变成了上面是个“北”字，下面连成一横变成“一”字。“北”字像二人相背，“一”字表示土地，指二人为小土山所隔的意思。

“丘”字由本义“小土山”，引申指“坟墓”，又用作量词表示一丘田，也作姓氏用。

说了这么多“丘”字，那么“丘”字与“邱”字究竟有什么关系呢?

古代的“邱”字是个形声字。右边的“双耳旁”为形符，表示“邑”，指有人群、有土地的国家，在这儿指与地域有关。左边的“丘”为声符。“邱”字的本义为地名用字，又用作姓氏。

在古书中，“丘”字与“邱”字，除了姓“丘”与姓“邱”不同之外，其他用法都相同。古代，因孔子名丘，为避孔子讳，所以古人常以“邱”代“丘”。

［瓦当欣赏］

秦汉瓦当

“邱”字露破绽

却说乾隆二十三年（1720），广西苍悟县县民韦小祥，拿出一张卖身契，状告县城开饭店的店主邱广富，说邱广富在康熙五十九年（1758）卖身给他家做奴仆，后来因自己父母双亡，不能再养仆人，便让邱广富外出谋生。如今邱广富成了富翁，而韦小祥却穷得无处栖身，如今他向邱广富讨还当年买身钱，竟遭殴打，特此报案告状。

县令将邱广富传到大堂讯问。邱广富说，自己一向以开饭店为生，这韦小祥三天两头来吃白食，赶他不走，还出口伤人，故而扯打起来。邱广富还说他从没卖身为奴。

当时两人各执一词，且都有账本和契约为证，县令无所适从，一时无法定案。

正当县令为难之时，师爷马方祥从卖身契约中看出了破绽。他将县令请到后堂，指着契约上的名字说：“这张契约是假的。大人你看，卖身时间是康熙五十九年，却把‘丘’姓写成了‘邱’。‘丘’姓本来是不加“双耳旁”的，雍正年间，因尊孔避孔子名丘的讳，才在姓丘的丘字右边加了“双耳旁”，这契约上的‘邱’字显然是伪造的了。再说邱广富今年四十八岁，生于康熙五十年，而康熙五十九年时，他刚刚十岁。一个小毛孩，怎能写出这么端正的楷书契约呢？”

后经审讯，这契约果然是假的。韦小祥承认，为敲诈钱财，是他请人模仿邱广富的笔迹伪造的。结果，因“邱”字露出了破绽，韦小祥以欺诈罪被关进了大牢。

qiū

秋

甲骨文

金文

小篆

秋

隶书

秋

楷书

庄稼成熟在秋季

古文的“秋”字像蟋蟀的形状。这是个象形字。为什么写成这形状？因为秋天蟋蟀叫，所以蟋蟀称为秋虫。以蟋蟀鸣秋，借以表达秋天。也有人说，秋虫入室，表示天气已凉，秋季到了。

甲骨文的“秋”字，还有一种写法，就是在蟋蟀形状下，增加了一个火把的形状，这就成了个会意字。表示秋天除了秋虫鸣叫这一特征之外，还有一个显著的特征，就是禾谷成熟了。而成熟的禾谷大都呈金黄色或红色，闪闪发亮，颜色就像火一般，所以“秋”字的本义指“禾谷成熟了”。

小篆的“秋”字省略了蟋蟀的形状，由“火”和“禾”组成一个会意字。“火”表示红色，“禾”指庄稼。意思是似火的庄稼，也就是成熟的庄稼。“秋”字的本义就是庄稼成熟，如麦秋、秋庄稼。

“秋”字后来转义为一年四季的第三季，如秋天、秋季、秋风、秋雨、秋高气爽、深秋、中秋。

“秋”也表示一年，如千秋万代、一日不见、如隔三秋。

“秋”也指某个时期（多指不好的时期），如多事之秋、危急存亡之秋。

运动和游戏时的一种器具叫秋千。

“秋”字也作姓氏用。

唐·怀素《草书千字文》

宋·米芾《三希堂法帖》

果园猜字谜——秋

秋天，是收获的季节。山东沂蒙山下的桃园村是个水果之乡，每到秋天，果园里充满了欢声笑语，果农们在一起摘梨子、苹果，一筐筐、一车车地往城里送，大家享受着丰收的喜悦。

这个村的果农们有个爱好——相互间喜欢猜谜语，其中有几位制谜高手在当地颇有名望。

这天，大家摘梨子累了，坐在果树下休息。十几个年轻人，按男左女右，分成两边，比赛猜字谜。

男方代表出了个字谜："左边是绿，右边是红。右边怕水，左边怕虫。"

女方几个人交头接耳，派出代表说："'秋'字，对不？"

男方纷纷鼓掌，说猜对了，让女方出谜。

女方指着眼前的几棵果树说："两棵树，真蹊跷，一株矮，一株高，高的旁边站，矮的日头顶树梢。"

男方的几个小伙子蹲在一起，嘀咕了半天，抓耳挠腮，用树枝在地上画来画去，好一会儿，也没猜出来。难就难在"矮的日头顶树梢"这一句。

女方一个胖丫头叫道："再猜不出来，就算认输啦！"

这时，男方一个小伙子急中生智，大声叫道："是一棵树的'棵'字！"

女方姑娘们齐声喝彩："猜对啰！"

qiú

囚

甲骨文

金文

小篆

囚
隶书

囚
楷书

把人关在地穴——囚

在金文和小篆中，“囚”字是个会意字，外面是个方框，里面是个人，就像把人关在地穴之中。后来的字形变化不大。它的本义就是拘禁、关押。

远古时代，人们靠野生植物和捕猎野兽为生。捕猎野兽的陷阱就是地穴，吃不完的动物，就养在陷阱里。

也许，古代人因此受到启发，就把在战争中的俘虏也关在地穴中，便于看守。这样，“囚”字便有了关押、囚禁的意思，又引申为犯罪的人和相关的事物，如死囚、囚衣、囚车、阶下囚。

《隶辨》

唐·颜真卿《祭伯稿》

东魏《敬使君碑》

宋·文天祥《停云馆法帖》

《草书韵会》

口中之人——囚

明朝洪武年间，江南有个穷书生，他别无所长，但精通文字，于是便以测字为生，在街头摆了个测字摊。凡找他测过字的人，无不钦佩万分。

这事被太仓县令听说了，将信将疑，便想了一个主意，想看看这穷书生的本事到底有多大。

这天，县令装扮成一个面容憔悴的人，来到测字摊前，要穷书生测一个字。他说话的时候，还不时回头张望。穷书生顺着他的目光看去，发现不远处站着两个公差，正凶神恶煞般地注视着这里。穷书生心里有数了，便不动声色地问道：“老兄想测什么字呀？”

那人懒得动笔，张口说了个“人”字。

穷书生听罢，故意小声惊呼起来：“哎呀，你好不容易出了牢门，还不快点跑！”这县令假装一溜烟地跑了。

这时远处的两个公差来到了测字摊前，忙问穷书生如何知道此人是犯人的。穷书生笑着回答道：“他从口里吐了个‘人’字，这个口中之人，不就是‘囚’字吗？”

公差回去把事情如实禀报了一番，县官老爷心里暗暗好笑：这人徒有虚名，只会玩弄点文字游戏，哪会测出人的生死祸福啊。明明是自己假扮逃亡的人，他还信以为真了。

毛皮衣服——求

qiú

求

金文

小篆

求

隶书

求

楷书

甲骨文的“求”字是个象形字，像毛在外面的毛皮衣服的样子，本义指毛皮的衣服。金文的字形由甲骨文演变而来，像手持带毛的皮衣。小篆的字形由金文演变而来。楷书的字形由小篆演变而来。

“求”字就是“裘”字的本字，指毛皮衣服。后来有了“裘”字之后，“求”字就假借指“寻找、探索”，如求爱、求成、求生、求索、求学、求实、求证、求知、访求、探求、寻求。

“求”字又假借指“需要”，如供求、需求、供不应求。

“求”字又引申指“恳请”，如求告、求和、求婚、求见、求救、求教、求亲、求情、求全、求饶、求人、求雨、求助、哀求、乞求、央求。

“求”字也作姓氏用。

《木简》

东晋·王羲之《澄清堂帖》

唐·颜真卿《麻姑仙坛记》

唐·褚遂良《雁塔圣教序》

妙测“求财”两个字

清朝乾隆年间，江阴有位测字高手，名叫程省。这天，从无锡来了一位客商，进门就说：“我是生意人，一心想发财，你就以‘求财’二字，为我测测这次我能不能赚钱吧。”

程省轻轻说了两遍“求财”二字，问道：“你这次要做的是水果生意吧？看来你多次贩运水果，赚了点钱，有了本钱。但你运气不好，上次亏了本。眼下想东山再起，但本钱不足，于是想找人合伙干。是这样吗？”

客商听了，惊奇地说：“先生，你说得真神呀。上次我从洞庭山买了一船水果，运到淮北去卖，但货物都烂了，亏了本。眼下正约了一个合伙人，再去做笔生意，但不知凶吉如何。”

程省说：“这次你放心大胆地去做，肯定赚钱。”

客商不解，问道：“道理何在？望先生明示。”

程省写了“求财”二字，细细说道：“‘求财’二字，都有‘木’字，所以我推断你做的是水果木材之类的生意，但以水果生意为主。再说，‘求’字中既有‘本’字形，也含有‘不’字、‘永’字之状，而‘财’字当中只有半个‘本’字、半个‘贩’字。再加上‘求’字看起来很像‘丧字头’。‘丧’者，失也，是凶相，所以我推测你上次做生意亏了本。”

客商又问道：“那么先生何以说我这次能赚钱呢？”

程省指着“财”字说：“你是生意人，懂得吃一堑、长一智的道理，相信你不会在同一个地方摔两次跟头。再说，这‘财’字又有些像‘射’字。‘射’者，中也。‘中’者，达到目的也。你这次有伙伴相助，我敢肯定，你们肯定赚钱。”

一席话，说得这无锡客商丢下一把银子，兴冲冲地回去了。

qiú

俅

金文

小篆

俅

隶书

俅

楷书

独龙族的旧称——俅

“俅”字是个左右结构的形声字。左边的“单人旁”，表明这个字与人有关。右边的“求”字表示读音。“俅”的本义指“俅人”，也是我国少数民族“独龙族”的旧称。

“俅”在书面语中作形容词用。“俅俅”表示恭顺的样子，不过，现在人们已极少用这个词了。

【瓦当欣赏】

秦汉瓦当

高毬改高俅

对“俅”字，民间有一段“高毬改高俅”的传说。

宋朝天圣年间，开封有个姓高的大奸臣，年轻的时候靠踢一脚好球，深得皇帝的欢心，于是便平步青云，最后竟官封太尉。他在为官期间，没干过一件好事，所以百姓都叫他“高毬”。

“毬”在古代是指填充毛的皮球，用脚踢着玩，与今天的足球相似，属游戏用的玩物。高太尉是何等精明，当然知道百姓是在取笑自己，可要想堵住人们的嘴巴，根本不可能，于是他灵机一动，把“毬”字改成了“俅”字，向世人表示自己是人，而不是玩物。

字虽然改过来了，可是百姓对他的恨却依然如故，还是把他的名字写成“高毬”。至于那个“俅”字，根本没人理会，他想将“高毬”改“高俅”，不过是一厢情愿罢了。读者朋友若想要详细了解高俅的故事，就要去阅读《水浒传》了。

隐藏物品的地方——区

qū

区

甲骨文

金文

小篆

隶书

区
楷书

“区”字的字形从甲骨文到小篆的“區”字，大致相同，都属会意字。由“乚”形或“匚”形呈左三包围结构，里面是个“品”字。这左三包围结构有“藏匿、躲藏”的意思；在这儿的“品”字指“有许多物品”。两形合一，指“隐藏许多物品的地方”，本义指“藏匿的地方”。

也有人持不同见解，认为两形合一指“奴隶逃亡藏匿之处”，这也有道理。古代的“品”字本身就有两种说法。一说“品”字的本义指“事物或物品的数量多”，另一说法是“品”字的本义指“人数多”，后引申指“人、物或事很多”。其实，这两种说法都是将“區”字的本义定为“藏匿的地方”，没什么差异。

楷书的繁体字“區”是由小篆直接转变而来的，后简化为“区”字。当中一个叉，就说不出什么道理了。

“区”字的本义指“藏匿的地方”。这是个多音字，读作“qū”时，由本义“地方”引申指“区域”，如城区、地区、防区、工区、海区、郊区、禁区、军区、垦区、矿区、林区、牧区、山区、时区、市区、转区、新区、选区、雨区、灾区、风景区等。

“区”字假借指“分开”，如区分优劣、区别对待。

“区”字也用来形容数量少，或指人或事物不重要，如区区小事，不足挂齿；区区小数，不用计较。

当“区”字读“ōu”时，作姓氏用。

测字高手痛斥官迷——区

历代帝王常因筹饷、赈灾或兴办工程，以卖官位来筹措经费，补国库之不足。清朝乾隆皇帝经常搞捐纳活动，灾年更是广开捐例，拿出官位来换钱。

捐官也有个规定：京官至郎中以下，外官至道台以下才能卖，这恐怕是抓大放小，便于皇帝掌控吧。其实有钱买官的人中，有不少是胸无点墨的，还有不少是穷凶极恶的歹徒，他们能为百姓着想吗？这就产生了大量腐败昏愦（kuì）的官吏，发生了大量骇人听闻的贪污现象。于是民间就有了不少讽刺这些昏官恶吏的笑话故事。

却说清朝乾隆年间，上海金山有个富商叫区紫来。他父亲一心盼儿子能“紫气东来”，当个大官。无奈这区紫来左脚残疾，行走不便，加之口吃，讲话结巴，干不了大事，全靠祖辈田产和商铺过舒服日子。而他又偏偏是个官迷，很想当官，于是他就到上海测字名家范时行府上求测字，看该花多少钱买个什么官当当。

范时行问他：“测什么字？”

区紫来结结巴巴地说明来意，以姓求测。

范时行写了个“區”字说：“此姓读‘ōu’。加‘欠’也姓‘欧’。‘区’（ōu）‘欧’同音，你是脱不开‘欠’字呀。”

区紫来说：“没办法，祖宗就姓区。”

范时行说：“这‘區’（qū）字又是区区小事的‘區（qū）’。外框三画，里面三个‘口’字。三口成品，莫非你想成为三品京官当御史吗？”

区紫来一听，兴奋地说：“正有此意，行吗？”

范时行说：“难哪。‘区’旁加‘马’可长驱直入，可你左腿有疾不能跨马。‘区’旁加‘身’为七尺之躯，可你不足五尺。‘区’旁加‘言’为讴歌赞颂，可你口吃五音不全。‘区’旁加‘山’为崎岖不平，‘区’旁加‘殳（shū）’为街头斗殴，‘区’旁加‘心’则怄气伤气，‘区’旁加口则令人作呕……”

区紫来实在听不下去了，丢下钱就一拐一拐地走了。

qū

屈

金文

小篆

屈
隶书

屈
楷书

身体弯屈

对“屈”字有两种不同的说法。

有人认为，小篆的“屈”字是个上下结构的形声字。上面是尾巴形，读“出”声。后来字形变化成“尸”与“出”，组合而成“屈”。按这个字形的说法，“屈”字的本义是“短尾巴”。

还有种说法认为，“屈”是由“尸”和“出”组成的形声字。“出”作声符，“尸”是一个卧着的人的样子。人在卧着时，身体是弯着的，所以“屈”的本义是“弯曲”。

即便认为小篆中的“屈”字上部为尾巴，那“屈”字的本义也是弯曲的意思。因为尾巴是可以自由地弯曲的，如屈曲、屈膝、屈指可数。

“屈”由弯曲引申为“服输、使人服输”，如屈从、屈辱、屈服、宁死不屈。

“屈”也表示理亏，如理屈词穷、屈心。

“屈”也表示被误解，如委屈、冤屈、抱屈、叫屈、受屈。

“屈”用于客气话，表示委屈对方降低了身份的意思，如屈才、屈尊、屈就。

“屈”字也作姓氏用。

东晋·王羲之《兴福寺断碑》

明·王铎《诗卷》

三个字谜三个姓——屈

苏北里下河地区是个水乡，河道纵横交错，出门探亲访友，离不开船。要过河，就得等渡船。

从前，高邮城外有个渡口，撑船的是位花白胡子老汉，熟读诗书，每有客人来摆渡，便喜欢跟客人攀谈。

这天，来了一位书生和一位做生意的商人，三个人上船刚坐下，就闲聊起来。

摆渡的老翁问书生："相公贵姓？"

书生文绉绉的，作了首诗，说："言而有信友情深，忠心耿耿一身轻。寸金难买寸光阴，请您猜猜谜中姓。"

老艄公摸摸胡须，含笑道："啊，谢相公，请坐稳了。"

老艄公又问商人："客官贵姓？"

商人站起来，笑着说："我不会吟诗，出个谜语吧。我是昔年朋友半离别。"

老艄公想了想，说："啊，胡先生，请站稳。"

这时船快靠岸了，书生和商人同时问："老人家贵姓？"

老艄公爽朗地笑着说："我是山连山，离天一尺差一捺。"

书生和商人想了想，两人相视一笑，一边施礼一边道："屈老伯，再见了。"

qū

趋

小篆

趨

隶书

趋

楷书

快步向前走——趋

小篆的“趋”字是个左下包围结构的形声字兼会意字。左下方的“走”字是形符，表示跟行走有关。

“趋”字右上方的“刍”字读“chú”，这是个简化字，原先写作“芻”，作声符并会意。

“芻”字与“走”字组合，指“快步向前走”。因是指加快脚步地走，这与行走有关，所以古人用“走”字作“趋”字的形符。

古人为什么用“芻”字作“趋”字的声符呢?

甲骨文的“芻”字是个会意字，由“草字头”和“又”字组合。“又”字表示手，“草字头”表示花草。两形合一指用手割草。金文大致相同，小篆使其整齐化。隶变后的楷书写作“芻”，如今简化为“刍”。

“芻”字的本义指“割草”，后来指喂牲口的草，包括谷类植物的茎杆。农民喂牲口时，都会用铡刀将草铡短，便于牲口咀嚼吞咽。所以“芻”字含有短而多的意思。而人在快步走时，脚步也必定是短而多，这一点两者是相通的，所以古人用“芻”字作“趋”字的声符并会意。

楷书的字形由小篆演变而来，写作“趨”，现简化为“趋”。

“趋”字的本义指“快步走”，如快走称“趋前”；“趋之若鹜”指像鸭子一样，成群地跑过去，形容许多人争着去追逐某种事物，含有贬义。

“趋”字由本义引申指“趋向”。朝着某个方向发展称“趋向”，也称“趋势”；迎合依附称“趋附”；迎合时尚、赶时髦称“趋时”；快走躲开、规避称“趋避”；趋于一致称“趋同”。

从“趋”字说开去

这天，无锡梁溪谜语研究会的同人在西水关茶楼聚会，探讨一些字谜，选出有一定难度的，供元宵节猜谜晚会用。

小陶看看手中一叠资料，首先提出“趋”字，说是有则字谜为“争先下堂迎足下”。它用的是特指拼字法，“争先”指“争”字的上半部“刍”字。“下堂”指“走”字上半部“土”字，“足下”指“走”字下半部的“止”字，这两句合成“走”字。“走”与“刍”合成“趋”。

大家觉得引谜转了三个弯，猜起来有些难度，但缺少现代气息。小陶又说：“用‘心勿急着走’如何？这个字谜听起来有无锡地方特色。”

马汉文说：“这个字谜虽然浅了点，但‘心勿急着走’，有留住‘心’字之义，但‘心’还是走了，只剩下‘急’字上半部，与‘走’字合成‘趋’。这个字谜是以简体字来制作的，繁体字写作‘趨’，右边的‘芻’，后简化为‘刍’，指喂牲口用的草。有些人的胃跟牛马一样会‘反刍’，就是这个‘刍’。”

周其良插话道：“老马，你别看这‘心勿急着走’中的‘急’字，它倒真的反映了‘趋’字的本义哩。‘趋’字的本义就是快步走。由小快步又引申指大踏步地‘追赶、追求’，还表示‘急速、催促’，这近乎奔跑啰。”

小陶插话说：“趋是最早的‘走’，后来‘走’就变成了‘跑’。再往后又用‘步’代替‘走’。再后来又用‘行（xíng）’表示走，又用‘奔’来表示快跑，这也有‘走’的意思。这样就有了‘行走’‘奔走’‘赶走’等意思……”

没等小陶说完，马汉文抢着说：“小陶，你是土生土长的无锡人。你可别忘了，‘逃跑’的‘逃’字也有行走的意思啊。‘逃’不仅仅指‘逃跑’，也有‘趋’及‘奔’和‘走’的意思。小时候我们常说‘我逃过去’，就是指‘奔过去’，快步走过去……”

小陶看看手中准备的一叠字谜材料，惊叫道：“哎呀，我们从‘趋’字说起，越说越远啦！”

qū

曲

甲骨文

金文

小篆

曲

隶书

筐篓等器具弯曲不直

甲骨文、金文和小篆的“曲”字都是象形字。字形像竹子、柳条等编的筐或篓子等器物局部的剖面形，用以表示弯曲之义。

小篆的“曲”字，画出了完整器物的侧面形，并使其整齐化，隶变后的楷书写作“曲”，借以表示弯曲。

“曲”字的本义指“弯曲、不直”。如木工用来求直角的尺称“曲尺”，曲轴弯曲的部分称“曲柄”。还有曲线、曲折、曲直、歪曲、盘曲等词。

“曲”字由本义引申指“不公正、不合理”。如错误地解释客观事实或别人的原意称“曲解”，事情的底细和原委称“委曲”，心事、衷情称“衷曲”，弯曲、曲折称“屈曲”。曲意奉承，委曲求全等词中的“曲”字都指不公正、不合理之义。“曲”字由上义引申指“隐蔽的”。如古时史官不据事直书，有意掩盖真相的记载称为“曲笔”，也泛指写文章时不直书其事的笔法；“隐晦曲折”指含含糊糊，转弯抹角。

“曲”字是个多音字，读作“qǔ”时，指古代的一种韵文形式，如曲牌、元曲。由上义又引申指“歌曲、歌谱”，如曲谱、歌曲、昆曲、词典、戏曲、乐曲、小夜曲、狂想曲、催眠曲。

“曲”字也作姓氏用。

“曲”尺能成方圆器

与“曲”字组成的词汇太多，其中“曲尺”一词值得一提。这是木工用来求直角的尺，用木或金属制成，像直角三角形的勾股二边。也称“矩尺”或“角尺”。这里讲个跟“曲尺”有关的对联故事。

民国年间，苏北建湖县蒋营镇有位教私塾的吴大先生。他学识渊博，德高望众。他字写得好，又会作对联，所以每到年底，来求他写对联的要排队。吴大先生写对联，可不是千篇一律。他是根据各家实际情况，有针对性地写。

这天一大早，张木匠就来到私塾求对联了。吴大先生已写了好几副，见张木匠来了，胸有成竹地说：“你家的对联我几天前就已想好了。”说罢提笔书：

一把曲尺，能成方圆器；
几根直线，造就栋梁材。

写罢，吴大先生解释道：“曲尺是你的谋生工具，一开工就用到它。俗话说，‘没有规矩不成方圆’，所以曲尺也称‘矩尺’，没有曲尺，做不成家具。你木匠师傅凭曲尺做柱子、打横梁，房子造得牢不牢，就看木匠师傅做的柱子和大梁直不直。”

张木匠听得连连点头，长了见识。吴大先生说罢，铺开纸，又将这副对联重写了一副。但当中改了几个字。

一把戒尺，能成方圆器；
几根直线，测量栋梁材。

吴大先生见张木匠疑惑的样儿，解释说：“这是我自家贴的，跟你家有相同之处。”说着指指书桌上的戒尺说，“这是对不守规矩的孩子打手心用的。”又指指墙上几道直线说，“这是给孩子们量身高用的。我教学生跟你打家具造房子一样，都是希望他们成为有用之材啊。”吴大先生这番话是否有道理？这副对联是否有水平？那就仁者智者，各有见解了。

qú
渠

人工开凿的水道——渠

小篆的“渠”字是个上下结构的形声字兼会意字。左上方的“三点水”指“水”，作形符。右侧的字形是“榘”字的简省写法，这个字读jǔ，作声符并会意。

“三点水”的“水”和“榘”字组合在一起，指人工开凿的水道。因指的是水道，所以古人用“水”字作“渠”字的形符。

古人为什么用“榘”字作“渠”字的声符呢?

这个字形表示一个成年男子手持夯土筑墙的工具在用力夯土。这就有两层意思：一是要用巨大的力气，二是按一定的规则来做。于是就形成了“榘”和“巨”这两个字，它们同源。后来古人将它们分工：“巨”字作“巨大”用，“榘”字作“规则、规矩”用。后来“榘”字简省为“矩”，“榘”字被淘汰了。“矩”字是丈量的工具，又有“规则”与“规矩”之义，而人工凿水道，是要按规矩、按尺寸丈量的，所以古人用“矩”字作“渠”字的声符并会意。

楷书的字形由小篆演变，写作“渠”。

“渠”字的本义指“人工开凿的水道”。如水渠、干渠、沟渠、支渠、水到渠成。

“渠”字也作姓氏用。

渠
小篆

渠
隶书

渠
楷书

开“渠”放水，水到渠成

民国年间，在南京夫子庙文德桥头摆测字摊的胡铁嘴，但凡遇事，以积德行善、息事宁人、两边劝和为己任。

这一天一大早，从浦口乌江镇来了几个农夫，一个个面有怒色，簇拥着一位老者，口口声声要打官司，求胡铁嘴测个字，看官司胜负如何，这官司如何打。

胡铁嘴递上字袋说：“你摸个字，我以字说话。”

老族长说：“我们想好了，就测‘沟渠’的‘渠’字。”

胡铁嘴边提笔写‘渠’字边说：“好。这‘渠’字是你们的命根子，也是祸根子。老人家，依我看，这字复杂呀。上面是‘三点水’加个‘巨’字，下面是木字。你们这水渠，有一段是用木板搭的水槽，路过张村，让乌江水进村，……”

老族长忙解释：“老一辈有约定，为这段水槽，每年给他们五担稻，可他们拿了稻还偷水。”

胡铁嘴点点头，说道：“你这‘渠’字是架木头上的啊，左边这“三点水”指引的是乌江之水。‘木’字是指木制水槽，架在半空。上面右边的‘巨’字呢，可就难说了。说他像‘臣’字吧，又不像‘臣’，臣，就是官员，大臣。，为何官不成官，臣不像臣（陈）？因乌江镇地处安徽江苏交界之地，属于两不管地带，你连打官司都摸不着衙门，不知道找哪儿呀？”

来人都傻眼了，胡铁嘴又道：“这‘巨’字是两口不衔接，你告状无门，而且这‘巨’字是‘目’字开口，‘目’字开了血口，不变成瞎子吗？你右眼受伤，就是明证啊。”

老族长心慌了，问：“依你说，该咋办呢？”

胡铁嘴斩钉截铁地说：“乌江水路过张村，你们开渠放水，两村合用。人心都是肉长的。你们这时主动放水，让他们也用点，这样才能水到渠成，何乐不为？干旱时你们晓得用水，水涝时咋就不想想人家遭淹的水患之苦呢？”

一番话，说得来人都低头不语了。

qǔ
娶

甲骨文

金 文

小 篆

娶
隶 书

娶
楷 书

取女子成亲——娶

甲骨文的“娶”字“取”既是形旁也是声旁，远古造字本义是“抢亲”。金文和小篆的“娶”字改成上下结构的形声字兼会意字。

“娶”字为什么是形声字？“娶”字的上半部是个“取”字，表示这个字的读音。下半部是个“女”字，表明这个字与女子有关。“娶”的本义是把女子取过来成亲，也就是男子娶妻结婚。

“娶”与“嫁”相对。女方家的女儿称为嫁出去，这就是“出嫁”。男方家男子娶妻子称为“娶亲”。这一仪式称为“嫁娶”。

说“娶”字为会意字，一点儿也不难理解。古代的“取”字是个会意字，像一个人一只手抓住一只割下来的耳朵。下面一个“女”字，就表示女子。

用刀割耳朵，就有强行割取的意思。在远古时代，妇女是部族战争中抢夺的对象，抢来的女子作为妻妾或奴隶。后来演变成抢婚的风俗。这一风俗一直延续到今天，一些少数民族的婚礼，还有假装抢婚这一重要过程。由此可见，将女子取来为妻，这就是“娶”。

《隶辨》

《草书韵会》

不敢“娶”你

清朝有位大臣，名叫李鸿章，人称李中堂，是安徽合肥人，在朝廷有权有势。他有个远房亲戚名叫李子清。此人胸无点墨，却热衷于科举考试，一心想弄个一官半职。

这一年，李子清进省城赶考。进了考场，他打开试卷一看，发觉试卷上有一大半字不认识，急得像热锅上的蚂蚁，抓耳挠腮，坐立不安。

半天过去了，眼看交卷时间就要到了，而他才开了个头。可他不甘心，于是灵机一动，在考卷上写道：“我乃中堂大人李鸿章的亲妻，请你们一定要取我。”无奈，他不会写“亲戚”的“戚”字，只好用“妻”字代替。

当主考官批阅这份考卷，读到“我乃中堂大人李鸿章的亲妻”时，不禁拈须微笑，提笔在卷子上批道：“所以本官不敢娶（取）你。”

这位主考官的批语，真是幽默到家了！

人离开屋子走出去

qù

去

甲骨文

金 文

小 篆

隶 书

去

楷 书

“去”字是一个会意字。在甲骨文中，“去”的上面部分是一个人的形状，下面是一个“口”，可以表示类似洞口或屋子之类的地方。人离开屋子或洞口就称为“去”，所以“去”的本义就是“离开”。这个意思还沿用到现代汉语中，如“去世”，是指离开人世。去留、去职等词中的“去”也都是这个意思。

“去”可以表示丧失，如大势已去。

去粗取精、去伪存真中的“去”是消除、除掉的意思。

我们把今年的前一年称为“去年”，这里的“去”是过去的意思。

人从一个地方到另一个地方也叫作“去”，如“我去上海”，这儿的“去”是前往的意思。

“去”还可以表示离开说话人所在地的动作，如拿去、捎去。

汉《杨淮表记》

宋·苏轼《寒食帖》

明·祝允明《三希堂法帖》

用字谜回答——去

老刘和老周，是同一家出版社的资深编辑。在办公室，两人的办公桌是面对面；退休了，两家的房子是门靠门。总之，两人总是形影不离。

一家报纸的副刊聘请他俩负责编辑文化娱乐版。他们经常刊发些对联、谜语及名人小掌故之类的短文，深受广大读者的喜爱，特别是那些现代的、有创意的谜语、对联更受欢迎。

这天，老周搜肠刮肚，绞尽脑汁，又受别的资料启发，终于想到一个字谜。这字虽属常见，但编成的字谜难度较大，要转几个弯，若不是猜字谜的高手，恐难猜出来。

谜面只有一句话：

里根在台上。

老周正推敲着，老刘敲门，问今儿报社聚会，他去不去?

老周一听，灵机一动，忙把老刘让进屋里，给他看字谜，说："若是猜出来，就是我对你的回答。"

老刘坐在沙发上，细细品味，自言自语道："嚯，把过世的美国总统里根也请出来啦，这事儿新鲜。这'里根'——是不是'里'字的根儿?'里'字的根儿就是'土'字，对不对?"

老周不答话："有本事，自己猜。"

老刘自信地说："你可难不倒我——'在台上'，就是说在'台'字的上面。'台'字的上面不是上半段撇折加一点吗?'里'字的根儿在这撇折加一点上的字是什么呢?"

老刘嘴里念叨着，手指在沙发扶手上比划着。猛地，他站起来，兴奋地说："走吧!你这是'去'字!"

可不是吗，"里"字的根是"土"字，"土"字在撇折加一点"厶"的上面，不就是"去"字吗?

赶快走过去取——趣

qù
趣

金文

小篆

趣
隶书

趣
楷书

金文和小篆的“趣”字，是个形声兼会意字。外面是个“走”字，表示这个字与走动、行走有关。里面是个“取”字，表示读音。“趣”的本义是“催人快跑”。

“趣”字为什么有催人快跑的意思呢？这就要看声符“取”字的本义了。

“取”字在甲骨文中是个会意字。左边是耳朵，右边是手。表示用手抓住一只割下来的耳朵。在古代部族战争中，是以割下敌人耳朵的多少来论功行赏的，所以“取”的本义是“割取耳朵”，带有俘获的意思。后来引申为“拿到、采取、挑选”等意思。用在“趣”字中，有快点跑过去，拿到自己所需要的东西的意思，所以以“取”字为声符兼会意。

在“趣”字中，“走”表示行走、跑动。走去干什么？目的是得到什么、采取什么或挑选什么；而且还要快走，早点得到自己所需要的。这就与“趣”字的本义相吻合了，这就是催人快跑。

“趣”表示一种趋向，如志趣、情趣、旨趣、异趣。

“趣”表示兴味，使人感到愉快喜欢，如趣事、趣闻、趣谈、兴趣、乐趣、有趣、童趣、风趣等。

隋 · 张公礼

元 · 康里子山《三希堂法帖》

边走边取谓之趣

趣，表示趣味、兴味，也表示志趣、有趣味。这个字，古代的写法和今天的样子没多大区别，好像“走”字上驮了个“取”字。

为什么“走”与“取”结合在一起就是“趣”呢？教语文的颜老师琢磨了好长时间，仍是不解其义。

一个星期天的下午，颜老师和夫人、儿子、女儿一块儿散步。走到半路，碰到一位多年不见的老同学，大家非常高兴，颜老师得到不少别的老同学的信息。

分手后，全家又沿着小路向前走去。路边有不少地摊。夫人买了盆花，女儿买了个布娃娃，儿子买了个小望远镜。回家的路上，大家兴高采烈。

颜老师见此情景，心中不由一个“咯噔”：今天一路走来，我得到了老同学的信息，夫人和孩子们也各自取得自己喜爱的东西。这一路走，一路得到自己喜爱的东西，不就是“趣”吗？

颜老师得出个结论：边走边取谓之“趣”啊。

quán
权

金文

小篆

權
隶书

权
楷书

黄华树的名称——权

小篆的“权”字写作“權”，这是个左右结构的形声字。左边的“木字旁”是形符，表示跟树木有关。右边的“雚”字是声符，读guàn。这两个字形组合在一起，指一种树的名称，即“黄华木”。隶变后，楷书写作“權”，后简化为“权”，本义指“树名”。

简体字“权”字，可看作是个左右结构的形声字兼会意字。左边的“木”字是形符，表示跟树木有关。右边的“又”字作声符并会意，这“又”字表示手。

在“权”字中，“木”字指木质的秤杆，而“又”字是用来表示移动秤杆上的秤锤的。“权”字的本义是树的名称，后来假借指秤、秤锤，也就是“秤砣”。

“权”字由“秤”引申指“衡量”，如秤锤和秤杆，借指衡量、考虑称“权衡”。

“权”字又假借指“权利、权力”。如所掌握的权力称“权柄”，掌握大权而专横的大臣称“权臣”，居高位、掌大权的人称“权贵”。权势、权威、权限、权益、霸权、版权、兵权、大权、当权、人权、神权、实权、授权、特权、强权、全权、债权、政权、专权等词中的“权”字都是“权利、权力”的意思。

“权”字还假借指“应变、变通”。如随机应变的谋略称“权略”，随机应变的计谋称“权谋”，暂时适宜、变通的称“权宜”，如权宜之计。

“权”字也作姓氏用。

维护“权”益小插曲

无锡东门中学的杨老师，有一天讲解了课文关键字“权”字。为了增加同学们的学习兴趣，他出了几个字谜让大家猜。

第一个谜面是“半变相”。有些同学熟悉猜字谜的方法，很快根据“半”字，看出“变相”两个字各一半，合起来是“权”字。

第二个谜面是“一半皮棉”。这跟上一个谜面差不多，取“皮”字和“棉”字各一半，组合成“权”字。

第三个谜面是“九九又相逢”，这得动点儿脑筋了。杨莎莉数学好，她马上想到二九一十八，十八组成“木”字，跟“又”字相逢，也是“权”字。

简体字“权”字笔画少，容易记。杨老师要求同学们根据用“权”字组成的词，谈谈自己的理解和感受。

金一鸣先发言，他要讲的是“维权小插曲”——

我要讲的是校园生活，是真事儿，就发生在昨天下午，地点在体育馆乒乓球室。为了维护当事人的权益，我不指名道姓，就把这外班同学称作“邮王”吧。因为他喜欢集邮，有好多珍贵的邮票。事情也是由邮票引起的。

昨天下午，我在乒乓球室打球，碰上高年级几位同学，有的在打球，有的在一旁欣赏邮票。有人进门带来一股风，把方凳上的邮票吹散了。欣赏邮票的人七手八脚地找，结果发现少了一张最珍贵的邮票。“邮王”把门关上，说谁也不许走，并提出要在场的人相互搜身，从他开始。有人翻开口袋，表示自己是清白的。我想，这不是把我当贼吗？这是侵犯我的权益啊。我当场提出抗议，要开门出去。“邮王”以为我心虚想逃跑，上来阻拦我。我毫不客气，跟他扭打起来，我们两个人都摔在地上。就在这时，有人叫起来：“邮票在你脚底下。”原来，那枚邮票粘在“邮王”鞋底上了。“邮王”很不好意思，收拾起集邮本，想匆匆离开现场。我正告他：“你必须向我和在场的每一位同学道歉，因为你侵犯了我们的权益。”

金一鸣的发言，博得了全班同学热烈的掌声。

纯玉收藏入库——全

quán
全

全
金文

全
小篆

全
隶书

全
楷书

小篆的“全”字，是个上下结构的会意字。上面是个“人”字，下面是个“王”字。这“王”不是“帝王”的“王”，而是“玉”字的变形。“全”的本义就是指纯玉。

要弄明白“全”的本义，除了要把“王”当作“玉”看待之外，还要弄明白上面的“人”字的来历。据专家考证，“全”字面上的“人”字，原为“入”字。

“入”与“人”不细看，几乎分不出来。甲骨文的“人”字是个象形字，像一个侧身而立的人，本义就是指人。而“入”字在甲骨文和小篆中是指事字，它像一个尖头的器具，意思是尖头容易进入，本义是由外到内。

如若“全”字上的“人”原先是“入”，那就完全可以理解“全”字的本义了。因为纯玉是宝贝，所以要放入仓库或保密的地方收藏，所以“全”的本义是纯玉。只是这“全”字上的“人”字是怎么代替“入”字的？难道是笔误，一错再错，将错就错，错到如今？

“全”的本义是纯玉，意思是很完善，这就转化为完整、齐备的意思，如完全、齐全。既然齐全，就有使其完整，不受损伤的意思，如保全、成全、两全其美。

人王为全

西汉末年，天下大乱。王莽篡权称帝，没多久便兵败被杀，各路义军纷纷称王称帝。蜀郡太守公孙述不由也心动起来。不过，当初他一直是光复汉朝的拥护者，如今突然自食前言，总觉得不好向天下人交代。

一天，公孙述正在书房里愁眉不展，长吁短叹，一位姓马的老谋士前来求见。

公孙述见他进来，无精打采地问他有什么事？老谋士看看四下无人，俯在公孙述的耳边轻声说道："大人，您的心事小人最明白。"说罢，拿起笔写了个"全"字。公孙述"啊"了一声，猛地站了起来。原来，"全"字拆开乃是"人王"，这分明是点破了公孙述想称王的心思。老谋士见公孙述望着纸上的字发愣，连忙说："小人有一个好办法，保证能堵住天下人的嘴，让大人顺利称王。"

数日后，公孙述忽然兴致勃勃地邀请文武官员饮酒赏菊。席上，他和姓马的老谋士一唱一和，说什么昨晚梦见白羊星君，让他割据一方，自立门户。众官员一听，无不大惊失色，纷纷劝说公孙述赶快称帝，千万不能违背天命。就这样，公孙述顺顺当当地坐上了皇位，定国号为"成家"。

quán

泉

甲骨文

金 文

小 篆

泉
隶 书

泉
楷 书

地底下涌出水来——泉

在甲骨文中，“泉”字是象形字，字形就像水从地底下涌流出来的样子，在金文里就像是水从石头与石头之间冒出来一样。

到了小篆中，“泉”字就变得更加形象，像一股水从地底下的缝隙中喷涌出来，慢慢就发展成现在的字形。所以“泉”字的本义就是“水从地底下喷涌而出”。

现代汉语中，“泉”字最基本的意思就是泉水，如温泉、矿泉、清泉、甘泉。

泉水的源头，也泛指水源，称“源泉”，后来也用来比喻力量、知识、感情等的来源或产生的原因，如生命的源泉。

“泉”也是古币的称谓，如泉币。

“泉”字也作姓氏用。

汉《曹全碑》

唐·孙过庭《书谱》

宋·苏轼《醉翁亭记》

聪明的牧羊女——泉

清朝年间，山西出了个大才子，名叫裴律。这人才思敏捷，善作诗文，被誉为“三晋第一才子”。这一年，他刚满十八岁，自以为名气大了，便春风得意，狂妄自负。

一天，雨过天晴，风和日丽，裴律信步出城，到山村闲走。他来到一个村口，这儿山坡上是一片绿色的草地，一群洁白的羊儿在山泉边饮水。他见了，触景生情，随口吟道：白水泉口口口品。

这是个对联的上联。“白水”合而为“泉”，三个“口”字为“品”。七个字，扣住两个字，十分紧凑简洁。

他吟出上联后，却半晌也续不出下联。正在这时，忽听身后一阵朗朗笑声。裴律细看，原来是一位放羊的小姑娘在笑。裴律生气地说：“你个放羊的女娃儿，笑我什么？你有本事续出下联来。”

牧羊女笑笑，指指脚下一块岩石，说：“山石岩石石石磊。如何？”

裴律一听，大为惊讶，想不到这山沟里竟有这等才女。大千世界，真是人才辈出啊！

就因为这件事，裴律改掉了自负狂妄的缺点，变得刻苦好学、谦虚谨慎，后来当了官，为百姓做了不少好事。

quán
拳

小篆

拳
隶书

拳
楷书

弯曲手指握紧拳头

小篆的“拳”字是个上下结构的形声字兼会意字。下面的“手”字是形符，表示跟人的手有关。上面的“龹”字是“卷”字简省的写法，这个字读“juǎn”，也读“juàn”，在这儿按旧时的读法读“quán”，作声符并会意。

“卷”字与“手”字组合，指“人将手的五指弯曲握紧”。因指的是将人的手指弯曲握紧，这是手的动作，所以古人用“手”字作“拳”字的形符。

古人为什么用“卷”字作“拳”字的声符呢？

古代的“卷”字是个形声字兼会意字。小篆的字形像一个人跪坐之形，两腿弯曲，本义指“人的膝关节弯曲”。在“拳”字中手指弯曲，这跟双膝弯曲是同一个意思，所以古人用“卷”字作“拳”字的声符并会意。

楷书的字形由小篆演变而来，写作“拳”。

“拳”字的本义指“拳头”。如握拳、铁拳、划拳、赤手空拳、拳击、抱拳、猜拳、挥拳、摩拳擦掌。

“拳”字由本义引申指“徒手的武术”。如拳术、拳师、拳棒、拳手、打拳、斗拳、太极拳。

“拳”字由本义引申指“肢体弯曲”。如拳曲着身子。

“独拳”和“独权”

自汉朝灭亡后，历经三国、两晋和南北朝，直到隋朝建立，这才结束了长达270年的分裂局面，使中国成为一个统一的国家。这个王朝的建立者便是杨坚——一位杰出的政治家。他在位期间，继续推行均田制，减轻租赋徭役，削弱豪强势力，将地方行政改为州、县两级制，建立科举制度，并修订法律……这些措施，巩固了中央集权的封建制度，对后代，特别是唐代的影响很大。

任何帝王，都逃不脱江山留给自己子孙的魔咒。杨坚立国号为“隨”，后来想到“隨”字里有个“走之旁”，他担心自己建立的王朝会随时遁走，就去掉“走之旁”，改为“隋”。

杨坚称帝前，曾任北周王朝丞相，总揽北周朝政大权，后来索性灭周自己称帝。一天，杨坚乘船夜行，停靠在一码头。当晚杨坚做了个奇怪的梦。他梦见自己坐在船舱，左手撑着头，秉烛夜读，但忽然发觉左手不见了，醒后心情沉重，以为是不祥之兆，便上岸闲走。到一村头，见树丛中有一个小庙，庙中有一长须老僧。老僧见有客至，便开门迎接。杨坚进屋闲坐，见这老僧言谈不俗，道行极高，便将梦中情景讲与他听。老僧听罢，微微一笑，伸出手掌说：“伸开五指，手心向上为‘掌’。”说着，他将五指并拢，卷曲起来说：“五指卷曲握紧就成‘拳’。”故而上为‘卷’下为“手”。‘全’者全力出手。五指力道分散，握成拳头，其力集中，一拳打出去，这才是全力出手。

杨坚不解，说：“老先生，我求解梦中失去左手。与‘拳’‘掌’二字有何相干？”

老僧道：“我正要说到此事。你失去一手，即失去一拳一掌，对你而言，只剩一‘拳’一‘掌’，‘拳’与‘权’同音，失去一拳一掌，对你而言，你独掌大权，岂不是吉梦吗？”

此梦真假已难考证。反正，老和尚这番话，肯定对杨坚有极大鼓舞，后来他就为此而奋斗，独掌大权，建立了隋朝，史称隋文帝。

翘着尾巴叫的犬

quǎn

犬

“犬”就是狗，书面语为“犬”。

犬是人类忠实的朋友。从考古资料看，犬的祖先大约在4000万年前就已出现。我国在7000年前便有了家犬，家犬是由狼和豺演变而来的。狼与犬的明显区别在于两点：一是眼睛，狼的眼睛是尖斜的，而犬的眼睛是平圆的；二是尾巴，狼的尾巴是直挺挺地拖着的，而犬的尾巴是卷曲的。

甲骨文

甲骨文的“犬”字，正是抓住了“犬”的这两个特征，描绘出一条张大嘴巴，翘着尾巴，正又蹦又跳的犬的形状。这一形象，略有夸张，但人们一看便知道，这是犬。

金 文

“犬”为什么称为“狗”？有人认为，犬的叫声“汪！汪！汪！”很有节奏，与“叩”的读音相近，所以称为“狗”。也有人认为，犬的本性惯于苟且偷生、得过且过，所以称犬为“狗”，与“苟”同音。其实，“犬”字早期就读“狗”音，后来有了“狗”字，“犬”字才读为“quǎn”。

小 篆

“犬”是名词，是个部首字，用作偏旁时，称为“反犬旁”。

犬

隶 书

也许因为“犬”过分依赖于主人，唯命是从，苟且偷生，所以“犬”字常用于贬义，如丧家之犬、鸡犬不宁。

犬

楷 书

一人一点——犬

宋朝有位大文学家，名叫苏东坡。他有位好朋友佛印和尚。这一天，苏东坡到镇江金山寺看望佛印和尚。他还没进禅房，便闻到了一股酒肉香味。他忍不住笑出声来，看来佛印和尚又在偷吃酒肉了。

佛印和尚听见苏东坡的脚步声，慌忙把酒肉藏了起来，好像什么事也没发生过一样。苏东坡也不点破，笑着对佛印和尚说："大师，我今天写了一首诗，有一个字想不起来该怎么写了，特意来请大师指点指点。"

佛印和尚欠了欠身子，说道："不敢，不敢，请问是什么字？"

苏东坡说："'犬'字！"佛印和尚一听，不由乐了起来："大学士，你是在开玩笑吧？这个'犬'字的写法不就是'一人一点'吗？"

苏东坡也乐了，笑着说："既然如此，你还不快把酒肉端出来，一人来一点嘛。"

quàn
券

小篆

券
隶书

券
楷书

用刀刻木为契据——券

小篆的“券”字是个上下结构的形声字兼会意字。上面的字形是“卷”字简省的写法，读“juàn”，作声符并会意。下面的“刀”字为形符，表示跟刀具有关。

“刀”字与“卷”字组合，指古代的契据，即凭据、票证。因是指“契据”，这跟“刀”有关。因为古代的契据大都写在木板或竹板上，然后用刀一分为二，在分开处用刀刻上记号，各执一半，以防伪造，所以古人用“刀”字作“券”字的形符。

古人为什么用“卷”字作“券”字的声符呢?

“卷”字有卷起来紧握手中的意思。而“券”为重要凭据，也有紧握不放之义，所以古人用“卷”字作“券”字的声符并会意。

楷书的字形由小篆演变而来，写作“券”。

“券”字的本义指“凭据、票证”。如入场券、公债券、竞奖券、国库券、稳操胜券，还有债券、证券、奖券、礼券等词语。

胜“券”在握

无锡梁溪谜语研究会的同人，有一天在会长马汉文家小聚，边吃边聊边看电视。电视上正播出债务纠纷的案件，一些欠债不还的“老赖”被曝光，一张张签字画押的契约、合同或发票放在眼前，有些老赖还强词夺理不买账……

看着这些画面，马汉文感叹道：“古人是很重视这些契约和合同的。契约和合同，就是买卖双方确立债权和债务关系的依据，留下的凭证，就是双方所立的债券。这种债券多用木板或竹片制成，分成两半，用刀在上面刻上姓名时间、数字等内容，还有一定的记号，防止造假。”

周其良道：“这‘债券’也称‘左券’。因为‘券’分两片，债主和借债人各执一片。左片称为‘左券’，由债主掌握。右券由借债人保存，讨债或还债时，双方都要各自拿出收执的债券，然后合在一起，确认债券有效后，双方就可履行各自的权利和义务，这样有了矛盾就不至于相互扯皮，对簿公堂了。”

小陶说：“电视上这些老赖，其实也是无赖，他们借债不还，把自己签订的债券当作儿戏。本来相互友好，相互信任，相互支持，这才有债券关系。一旦借债方赖账，就反目成仇了。有些债权人为了讨债拳脚相加，动刀动枪，大打出手。有几位制谜高手，把‘券’字说成是‘拳头对刀’，也有说成是‘拳头力不足’或‘出拳失手被刀砍’的，这些字谜，生动贴切，耐人寻味。”

马汉文说道：“提到讨债，最聪明的莫过于战国时期的孟尝君田文了。他轻财好客，礼贤下士，门下有食客三千，每天开支很大，就派食客冯谖（xuān）带着债券到自己的封地薛国讨债。冯谖到了薛地，就召集所有欠债人都来合券对账。冯谖根据欠债人的实际情况，给有能力还债的人，重新约定还债日期；对没能力偿还债务的人，则把手中所持的左券当众烧掉，也就是把债务免了。此举受到田文的赞赏。”

小陶道：“债券也称‘左券’，因为债权人掌握主动权，有获胜的把握，所以又称‘胜券’，这就是稳操胜券、胜券在握的来历啊。”

quē

缺

小篆

缺

隶书

缺

楷书

瓦器易破损不全——缺

小篆的“缺”字是个左右结构的形声字兼会意字。左边的“缶”字读“fǒu”，作形符，表示跟瓦器有关。右边的“夬”字读“jué”，作声符并会意。

“缶”字与“夬”字组合，指“瓦器容易破损不全”。在甲骨文中，“缶”字是个会意字，字形像制作陶器的工匠用长木棍在捣泥制作陶罐。“缶”字的本义是“制作瓦器”，作名词也指所制的用来盛水或酒及食物的陶瓦器。瓦器易破损，所以古人用“缶”字作“缺”字的形符。

古人为什么用“夬”字作“缺”字的声符呢？

甲骨文的“夬”字是个会意字，字形跟射箭时套在手指上用以钩弦的扳指有关，据说这个小物件圆而有缺口，故引申表示“缺”，有缺少不完整之义。若是这样说，“夬”字就是“缺”字的本字，是最早的“缺”字了。所以古人用“夬”字作“缺”字的声符并会意。

“夬”字只作偏旁，一般不单用。凡从“夬”取义的字，皆与缺口、分断、迅速等义有关。

楷书的字形由小篆演变而来，写作“缺”。

“缺”字的本义为“残破不全”，如残缺、缺损、缺口、完美无缺、抱残守缺。“缺”字由本义引申指“短少、不足”，如缺乏、缺漏、缺德、缺点、缺乏、欠缺、缺少、短缺、欠缺。由本义又引申指“空额”，如缺席、补缺、空缺、缺勤。

有饼如月，因食则缺

这天正逢中秋佳节，苏东坡见佛印和尚只顾大杯喝酒，大口吃肉，便提醒道："出家人不该喝酒吃肉啊。"佛印大和尚回应道："你看不得出家人喝酒吃肉，那你看该怎么办呢？"

苏东坡道："总得经过一番考试啊。我且问你一个字谜，答得出，方可吃喝；答不出，请坐到另桌，猜出来再吃。"

佛印和尚大手一摆："请出谜！"

苏东坡轻轻吐出两个字："鸡汤！"

佛印和尚似乎答不出，端起酒杯喝酒。苏东坡拦住道："猜出来再喝！"佛印和尚举举酒杯说："谜底就是杯中之物！"

众人一听，恍然大悟。"鸡"者，"酉"也。"汤"者，"水"也。"水"加"酉"不就是"酒"吗？

苏东坡见难不住他，又说："既晓得'酒'字，那就得行酒令才能喝。"

佛印和尚道："你先来，我跟上。"

苏东坡提起酒壶，往自己酒杯里斟酒，只见壶嘴里的酒流下来，如同一根白线，延伸至酒杯里。苏东坡一边倒酒，一边吟道：

有酒如线，
遇斟则见。

这则酒令很特别。斟酒时，酒流成一条线，而"斟"字和"针"字间，是由"针"引出"线"，还是眼前由"斟"引出"线"？这一联想十分有趣，也很贴切。佛印和尚也有才，他略一沉思，应道：

有饼如月，
因食则缺。

吃的月饼是圆圆的，像十五的月亮。"食"字与"蚀"字谐音。是月饼被"食"而"缺"，还是月亮遇"蚀"而"缺"？这是谐音巧譬的双关妙语，与苏东坡所令有异曲同工之妙。

屈腿下跪——退却

què

却

繁写的“却”字是“卻”，这是个左右结构的形声字。左边的“谷yù”字是读音。右边的形旁“卩”，俗称“硬耳朵旁”，不可写成“双耳旁”，也就是“软耳旁”的“阝”。

“卩”在古代文字中像个屈腿下跪的人。凡是从“卩”的字，往往与脚的活动有关。在这“却”字中，这“卩”字表示脚步向后退，所以“却”的本义就是“后退”，如却步、退却。

随着字形变化，后来将“谷”字改成“去”字，成了“却”，这样在音和义上更接近本义了。

“却”表示退却，也有使其退却的意思，如却敌。退却了，也就是去掉了、除掉了，所以“却”又有了却、冷却、失却、忘却、抛却的用法。

“却”还有推辞、拒绝的意思，如推却、却之不恭、盛情难却。

“却”常作为连词用，表示转折关系，如你人虽不在这儿，大家却常想到你；你虽家财万贯，却买不到我的心。

金文

小篆

却
隶书

却
楷书

东晋·王羲之《书雪堂帖》

唐·欧阳询《皇甫府君碑》

脚上去掉一块肉——却

晋朝时，敦煌刺史准备派手下一个名叫刘成的文官到外地出差，日程都定好了，可是这个刘成突然说做了个梦，不知此行是凶是吉。刺史这人非常迷信，一听这话，心里害怕，马上找了个术士，为他解梦。

术士来后，先请刘成讲述他所做的梦。

刘成说，他在梦中正顶着月亮疾行，猛地蹿出了一条恶狼，对着自己的左脚咬了一口，还撕去了一大块肉，直到梦醒以后，脚上还火辣辣的疼。

术士听罢，脸色大变，连声说："这个梦太不吉利了，最近你还是别出远门为妙，否则连刺史大人都会跟着你一同倒霉。"刺史一听，吓得立即决定终止此行。

当天晚上，刘成的家人悄悄给术士送来一份厚礼，称他占的梦，正合刘成的心意。

术士的门徒不明就里，就向师父请教。术士笑着说："古人造字，月字代表肉，脚上撕去一块肉，就是去掉一个'月'字，剩下是个'却'字。'却'字有后退、推辞的意思。他分明是借占梦对我吐露想推却这趟差事的意思，我何不乘机做个顺水人情呢？"

què

雀

甲骨文

金文

小篆

隶书

楷书

短尾巴的小鸟——雀

甲骨文的“雀”字是个象形字，其形状就像一只鸟的头，头顶上有一小撮羽毛。

小篆的“雀”字是个上下结构的会意字。上面是“小”字，下面是个“隹”字。“隹”字读“zhuī”，不能读成“jiā”，更不能写成“佳”。“隹”字在甲骨文中是个象形字，其形状像短尾巴的鸟，其本义就是“短尾巴鸟”。

“雀”字上的“小”字，指小的短尾巴鸟。其实指的就是我们常常看到的小麻雀。这就是“雀”的本义。

麻雀体型较小，发声器官较发达，雌雄羽毛颜色大多相同，它们吃植物果实和昆虫，是益鸟。

“雀”泛指与麻雀同类的鸟儿，如山雀、云雀、黄雀，成语有门可罗雀、鸦雀无声。

因为麻雀个儿小，跳起来轻松活泼，所以高兴得像雀一样地跳跃称“雀跃”。

面部出现黄褐色或黑褐色的小斑点称“雀斑”。

北魏《元桢墓志》

宋·米芾《三希堂法帖》

年少佳人——雀

南宋的时候，苏州有个名叫汪龙的人，对拆字十分精通。恰好新任的太守也擅长此道，便和他成了好朋友，经常在一起相互出题比试。

一天，汪龙去拜访太守。太守一看到他，马上笑着说："你来得正好，快猜猜本官手里攥的是什么东西？"

汪龙说："你得给个提示呀，不然就是神仙也猜不到啊。"

太守左右看看，然后指了指站在旁边俏丽年轻的侍女。汪龙哈哈大笑，说道："小鸟！"太守乐了，缓缓张开手掌，一只麻雀振翅飞起。

事后，有人问汪龙是怎样猜中的？汪龙说："年少佳人合在一起，不就是个'雀'字吗？所以我断定太守手里攥的是一只小鸟。"

这个故事在许多古书中均有记载，在民间也广为流传。故事讲得生动有趣，引人入胜，其实闹了个大笑话，编故事的人忘了，"雀"字的下面是"隹"字，而不是"佳人"的"佳"字。我们千万别因为这个故事将错就错而错写了"雀"字。在这儿，笔者提醒读者朋友，要务必分清"隹"字与"佳"字的区别。如能记住这点，这个故事也就算以错纠错，发挥了它的作用了。

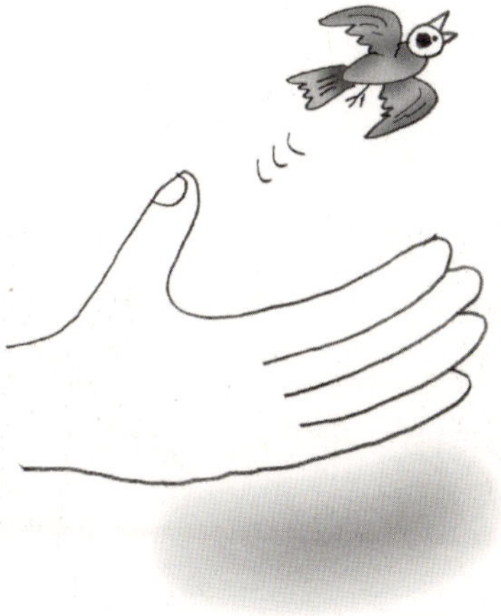

叫声响亮的喜鹊

què

鹊

金文

小篆

鵲

隶书

鹊

楷书

甲骨文的“鹊”字是个象形字，字形像一只鸟儿张开翅膀的样子。小篆的“鹊”字是个形声字，上边的“昔”是声符，读“xī”；下边的“隹”，作“鸟”解释。楷书的“鵲”字也是个形声字；左边的“昔”作声符，右边的“鸟”是形符，表示与鸟类有关，“鸟”字简化后写成“鹊”。

“鹊”字的本义很简单，就是指“喜鹊”。因喜鹊的叫声如“昔”，所以“鹊”以“昔”作声符。

喜鹊是一种鸟的总称，背部黑褐色，具有紫色光泽，其余部分为白色，翅膀上有大白斑，尾巴长长的，喜欢成群结队聚集在树林或园林中，喳喳的叫声很响亮。人们喜欢喜鹊，把它当作吉祥的象征，所以称它为“喜鹊”。

喜鹊善于筑巢。我们常常看到在高高的树梢上有鸟巢，那便是喜鹊的杰作。但有时鹊巢会被别的鸟儿侵占，如斑鸠不善筑巢，便常强行住进鹊巢，这便是“鸠占鹊巢”，比喻强占别人的房屋、土地、产业等。

因为喜鹊喜欢群居，大家在一起很热闹、很有气势，像喜鹊忽地飞起称“鹊起”，形容名声兴起、传扬，如：声名鹊起、文名鹊起。

因为喜鹊成群结队，又是吉祥鸟，民间传说喜鹊在天河搭了鹊桥，牛郎织女才得以相会，所以人们将“鹊桥”比喻为男女撮合婚姻，或指夫妻或情人久别后团聚。

似曾相识燕归来——鹊

北宋年间，有位著名的词人名叫晏殊。晏殊小时候就聪明好学，被称为神童。成年后更是发愤读书，学识过人，后来位居宰相。

却说这一日黄昏，秋风阵阵，晏殊独自在山间小溪边散步。只见溪水淙淙流过，岸边的落花掉入水中，随波而去，心中一阵惆怅，不由吟出《浣溪沙》一首：

一曲新词酒一杯，
去年天气旧亭台。
夕阳西下几时回？

上阕写罢，又写出下阕的第一句：“无可奈何花落去”。不料，这时思绪如断了水的泉眼，再也流不出水了。当天，他竟一个字也写不出来了。

第二年，晏殊奉旨南下考察民情，路过扬州时，他去拜访江都尉王琪。此人颇有诗才，晏殊将他请来，把酒倾谈。席间，晏殊面对院内晚春景色，不觉又想到去年未写成的小令，便对王琪说：“老夫去年偶得‘无可奈何花落去’一句，却未能有下句，请先生指教。”

当晏殊仍在沉思时，王琪离座，拱手答道：“大人若以‘似曾相识燕归来’相续如何？”

晏殊一听，击掌叫绝，便把这一句写入词中。又加了末一句“小园香径独徘徊”。于是，“无可奈何花落去，似曾相识燕归来”便成了千古传诵的佳句。不仅如此，后人还以“似曾相识燕归来”作为一个字谜。谜底就是“鹊”字。不是吗？燕子秋去春来，是昔日之鸟，而“昔日之鸟”也就是“鹊”字呀。

下面的衣裳——裙

qún
裙

小篆的“裙”字是个上下结构的形声字兼会意字。上面是个“君”字，作声符并会意，读“jūn”。下面是“巾”字，作形符，表示跟衣巾有关。这两个字形组合在一起，指人所穿的下半身的衣裳。

因衣裳大多是布帛棉麻制作的，所以用“巾”字作声符。古人为什么用“君”字作“裙”字的声符呢？因为“君”字在这儿是“群”字简省的写法，本应读“qún”，但仍按简省字读音。“群”有众多的意思，而裙子是由多幅布帛制成的，所以古人以“君”字作“裙”字的声符并会意。

楷书的字形由小篆演变而来，本来上面是“君”字，下面是“巾”字。当时流行一种俗体字“裙”，所以就改为以“衣字旁”作形符，“君”字作声符，这就成了个左右结构的形声字兼会意字的“裙”字，如今成为正体。

“裙”字的本义指“裙子”。如：围在身前保护衣服或身体的，用布或橡胶等制成的东西称“围裙”；一种围在腰部以下、没有裤腿的服装称“裙子”；旧时妇女的服饰称“裙衩（chāi）”；跟妻女姊妹等有关的称“裙带”，含讽刺意。还有筒裙、连衣裙、油裙、超短裙等。

“裙”字由本义引申指“像裙子的东西”。如加在室内墙壁下半部起装饰和保护作用的表面层“墙裙”，鳖的背甲四周的肉质软边称“鳖裙”。

小篆

裙
隶书

裙
楷书

武则天造“裙”字

汉字的创造、发展和形式，是有一定规律的，成千上万个汉字，不可能是某一个人或某一个时期创造的。它是历经五千多年，由千百万人参与，不断完善，随着历史发展而不断演变的。即便最早被称为“造字圣人”仓颉，也只是个传说。仓颉作为史官，他只能算是个文字搜集和整理者，而不是创造者。也许他创造了一些字，但也只能是少数，绝不是全部或大多数。

五千多年来，有据可查的造字故事，主要是仓颉，其次是唐朝女皇武则天，接着便是人们常提到的刘半农创造“她”字，鲁迅先生创造“猹”字。后面这两位大学问家，各人只造了一个字而已。

说到武则天造字，人们津津乐道。这位中国历史上唯一的女皇，她不仅改朝换代，而且还会用文字为巩固自己的政权服务。她创造的文字被称为“则天文字”或“则天新字”，大约有十二个字，其中包括“曌”字。“曌”字读“zhào”，是有据可查的，因为武则天又名“武曌”，表示武氏王朝如日月当空，普照大地。

据说，武则天还造了“裙”字。武则天活到81岁，年老时，身体发胖，特是两腿肥胖，穿着绸缎裤子，走路时蹭得两裤腿“嚓嚓”地响，很难听。她很会动脑筋，令人把缎子裁成长方形，用它把下身拦腰裹起来，腰上扎个带子，这样前后都看不到腿，走起路来既飘逸潇洒，又保暖美观。这种装束很快在宫廷时兴起来，并流传到民间。官员们要武则天为这着装起个名称。武则天想了半天，觉得平日穿的衣服都是“衣字旁”，自己是一国之君，这是君王制作的衣服，那就在“君”字左边加个“衣字旁”，就叫“裙”字吧。于是汉字中便有了个“裙”字。

“裙”字是不是武则天创造的呢？《说文解字•巾部》有：“帬，下裳也，从巾，君声，渠云切。或从衣。”可见“裙”字汉代就有了，并注明是形声字。“衣字旁”是形符，“君”字是声符。若说是君王武则天创造的，那“裙”字就是会意字了，至少也该是形声字兼会意字才对。再说，西汉识字教材《急救篇》中收录有“裙”字，可见裙子在汉代已是流行服装了。

qún

群

甲骨文

金文

小篆

群
隶书

群
楷书

头羊领着众多羊——群

小篆的“群”字本是个上下结构的形声字兼会意字。上面的“君”字读“jūn”，作声符并会意。下面的“羊”字作形符，表示跟羊有关。

“羊”字与“君”字组合，指“头羊带领着众多的羊”。因是指头羊和众多的羊，这跟“羊”有关，所以古人用“羊”字作“群”字的形符。

古人为什么用“君”字作“群”字的声符呢?

在甲骨文中，“君”字是个会意字。上面的“尹”字表示治理，下面的“口”字表示发号施令。本义指掌管治理大权，能发号施令的人。这种人便是主宰者、核心人物、领头人物，这就是君王。

羊是种喜欢群居的动物，成百上千地在一起生存。在羊群中必有一头强壮有威信的头羊，由它率领群羊寻找草地、水源及抵御侵害者，犹如君王一般，所以古人用“君”字作“群”字的声符并会意。

楷书的字形由小篆演变而来，将上下结构改为左右结构，写作“群”。“群”字的本义指“众多的羊聚集在一起”。后由本义引申指“聚在一起的人和物”。如很多人聚在一起称“群居”，很多人一同起来称“群起”，泛指人民大众称“群众”，成群的人称“人群”。还有群情、群象、群落、合群、随群、群雄、群体、成群、群言堂、群策群力、群龙无首等词语。群字也作量词用，如一群人。

梦见羊儿离群

西汉末年，汉成帝的母亲，也就是皇太后王政君任用她的侄儿王莽把持朝政。汉成帝死后，儿子汉哀帝继位，不到六年，这哀帝也死了，王莽就立了个九岁的汉平帝当皇帝。几年后，王莽又将女儿嫁给这小皇帝，他就成了“国丈”。后来，他索性一不做，二不休，自己当了皇帝，史称“王莽篡汉”，这下就引起天下大乱。结果王莽被起义的绿林军杀了，各地诸侯随之纷纷打出光复汉室的旗号，割据一方，自立为王。

却说四川的太守公孙述也想称帝，但当初他曾以光复刘氏王朝的汉室为口号，这才得到四川地方势力的支持，现在若自立为王，总得找个冠冕堂皇的借口吧？而此借口不能被任何人知晓，他想来想去，只有搞托梦这一招了。

重阳节这天，公孙述带着郡署文武官员，到离成都较远的青城山登高望远，喝酒赏景。当一行人登山时，绕过一山坳，公孙述忽然停下，拍拍脑门，好似想到了什么，对众说：“哟，这山坳我好像来过——”接着作恍然大悟状说道，“啊，我昨夜做梦到过这儿。”

众人坐下休息，要他将梦中情景讲述一遍。公孙述详细描述起来：“昨夜我梦见自己变成了一头白羝（即公羊），领着一群羊儿上山吃草。等我绕过这个山坳，回头一看，羊群不见了。只剩下我一个。此时，忽听有人叫道：‘八厶子系！’这话将我惊醒了。今日到此一看，梦中情景，历历在目，跟这山坳并无二致，怪哉怪哉！诸位，此梦不知是吉是凶？”

众人听罢，纷纷议论起来。其中有位善于察言观色更善溜须拍马的老谋士明白了公孙述的用意，他移步上前，恭贺道：“太守大人，恭喜恭喜，此梦大吉大祥！”公孙述佯装不解，追问：“吉在何处？祥在哪里？你得一一解释啊。”

老谋士拣根树枝在地上画道：“‘八’‘厶’二字相合为‘公’；‘子’‘系’二字相连为‘孫’（‘孙’字一繁体字），这正是太守大姓呀。另外，羝者，公羊也，群羊之首也。群羊不见，乃‘群’字中‘羊’字没有了，只剩下‘君’字，此梦诏示天下，太守有人君之命呀！”

一字一世界

R

火烤狗肉——然

rán

然

金文

小篆

然
隶书

然
楷书

金文和小篆的“然”字是由三个部分组成的，是个会意字。左上方是“月”字，表示肉，右上方是个“犬”字，左下方是个“火”字。

三个字组合在一起，表示烧火烤肉。由“犬”字，可以看作是烤狗肉，也可看作是烤羊肉、牛肉，而“犬”闻到美味走了过来。如若再作合理的想象，烤肉时，肉上的脂油滴下来，落到火堆上，发出“嘶嘶”声，所以读“然”，古代“然”字的读音为“sī”。

一个“然”字，是一幅美丽的生活画面。这场景在远古时代发生过，今天在荒郊野营时，我们同样可以见到。“然”字的本义就是燃烧。“然”字是“燃”字的本字。“然”字借用为虚词后，人们又造了个加了“火字旁”的“燃”以示区别。这样，“燃”就专门用于燃烧，而“然”就借作别的用处了。

“然”借用后，主要表示这样、那样，如不尽然；知其然，不知其所以然。

“然”表示对的、不错，如不以为然。

“然”表示书面语“然而”，如此事与我无关，然我不得不关心。

“然”常放在副词或形容词后面，如忽然、突然、显然、已然、飘飘然。

“然”字与“自”字可以组成许多词，如自然、自然界、自然林、自然而然。

为“然”字打官司

“然”与“燃”在古代本是一个字，就好比“然”字是母亲，生了个儿子“燃”。“燃”主要表示燃烧。而“然”被借用为虚词，表示顺承或转折关系，如然而、虽然；“然”也用作助词，作形容词或副词的词尾，如忽然、突然、既然等。

照理，“燃”字可以独立过自己的日子，不再去给老妈惹麻烦了，可偏偏有个“自”字多事，硬把他俩扯在一起，这就是“自然”和“自燃”。

“自然”有三层意思：一是表示自然界、大自然；二是表示自由发展，听其自然；三是表示不勉强，不局促，不呆板，态度自然。

“自燃”就一个意思：自动燃烧起来。

按理说，这两个词互不干扰。可有两户人家，为“自然”中的“然”字打起官司来。

福建厦门的陈先生，最近买了辆小汽车，在太平洋保险公司保了险。不料，在保险期内，这车子突然起火，车子基本烧毁，经消防部门现场鉴定，是由于漏油遇电火花引起火灾的。

陈先生向保险公司索赔12万元。保险公司认为，该车烧毁是自燃性质，不属保险责任范围，因而拒赔。而陈先生拿出保险公司的单据，上面条款上写的是“自然”，既然是自然烧起来，那当然要赔了。所以就将保险公司告上法庭。

法官审理认为，保险公司的条款上写错了字，在签发保险单时没有更正。而且保险公司又拿不出证据，证明他们曾向陈先生说明条款中有关“自燃”的定义。依据有关法律规定，若对条文发生歧义，应做出有利于投保人的判决。于是，法院判保险公司赔陈先生12万元。“然”“燃”相差一个“火”字；“火”字四画，等于每画赔了三万元。

rǎn
染

金文

小篆

染
隶书

染
楷书

布帛染九次不褪色

“染”字在甲骨文中没发现过，直到后来在金文和小篆中才出现。

《说文解字》认为，“染”字是个形声字，由“水”和“杂”组成。“水”是形旁，表示用有颜色的水染布或帛；“杂”是声旁。这种说法，为后人所推翻。

事实上，“染”字应该是个会意字，它由“水”“九”“木”三部分组成。

水是染色所不可缺少的材料，用来溶解和稀释颜料，没有水就无法将颜色均匀地染在布和帛上。颜色从何而来？这就是“木”字的作用了。“木”代表那些可作染料的花草和树木的果实，如茜草、栀子树等。“九”表示染布帛时的次数。当然，不一定就是整整九次，而是表示染色过程中次数很多，要反复多次，这样染成的布帛才不会褪色。

可见，“染”字的本义是“给布帛着色”，如染布、染色、印染。由此产生出染坊、染缸、染料。

给白色的布帛着色，特别是着成黑色，使它变得灰暗，给人一种白色的布帛受污染的感觉，因此“染”字又引申为污染、玷污、沾染的用法。

“染”也表示感染疾病或沾上坏习惯，如染病、传染、染上、一尘不染。人们往往有个习惯，见锅里有好吃的东西，喜欢用手指一蘸，尝一尝，这叫“染指”，现在用来借指分取非分的利益，也指茶插手或参与分外的某种事情。

“染”字上多一点

古人造字，用心良苦。我们已知道，“染”字分三部分。“木”为颜料来源，水用来调和颜料，然后分九次将布帛染成所需要的颜色。这个“九”字，在“染”字中起画龙点睛的作用。

现在，许多人喜欢在“九”字上加一点，变成“丸”字。这个“丸”字与“染”字就变得毫不相干了，但人们常常写错。别说普通人，就连清朝的状元也写错过。

民国年间，北京一家大洗染店开张，店主特地请清朝状元刘春霖为染坊写招牌、制匾额。

刘春霖不仅才高八斗，且其书法在当时也颇有名气。这天，刘春霖在众人面前凝神聚气，一笔笔地写下来。当写到“染”字时，居然在“九”字上加了一点。

招牌写好后，又注上了“以示不俗”四个小字，想以此预示这家染坊生意不同于一般。

后来，好多洗染店都仿效，特意在“九”字上加上一点，以求生意兴隆。结果，这个多了一点的“染”字便流毒全国。

用现在的眼光看，这位刘状元有可能是笔误，多加了一点，为掩人耳目，说什么“以示不俗”；也有可能想标新立异，哗众取宠。不管怎么说，他都是写了个错字。

松软肥沃的土——壤

rǎng

壤

金文

小篆

壤

隶书

壤

楷书

小篆的“壤”字是个左右结构的形声字兼会意字。左边的“土”字作形符，表示跟泥土或土地有关。右边的“襄”字读“xiāng”，作声符并会意。

“土”字跟“襄”字组合，指“松软肥沃的土”。

因是指松软又肥沃的土，所以古人用“土”字作“壤”字的形符。

古人为什么用“襄”字作“壤”字的声符呢?

金文和小篆的“襄”字，都是形声字兼会意字。上下两部分合起来是“衣”字，加上中间的字形就是表示披麻戴孝办丧事的样子。吊丧时人们悲哭嚷嚷，赞礼声高扬，相互作揖，扰乱之状，尽在这“襄”字当中。丧事办完，脱去丧服，人们又开始耕作，过正常生活。“襄”字的本义就是指“脱去丧服开始耕作”。而“解衣耕作”就有治理田地的意思。“壤”字为耕种的土地，所以古人用“襄”字作“壤”字的声符并会意。

楷书的字形由小篆演变而来，写作“壤”。

“壤”字的本义指“松软的土”。如细沙和黏土含量比较接近的土壤，土粒粗大而疏松，能保水、保肥，适于种植各种植物称“壤土”。肥沃的土壤称“沃壤”。还有红壤、黄壤、棕壤。

“壤”字引申指“地”，如交界称“接壤”；偏僻的地方称“僻壤”，如“穷乡僻壤”。由上义又引申指“地区”，如天壤、霄壤、天壤之别。

击“壤”歌

尧是我国上古时期著名的三皇五帝之一。他十五岁时受封于唐（即今日河北唐县西北），所以历史上称他为“帝尧”或“唐尧”。

唐尧十六岁被推举为部落联盟首领。他公正无私，施行德政。他关心百姓，勤俭简朴，待人宽厚善良，平易近人，深受民众爱戴。有史记载以来，他一直被当作仁君的典范。

有一年，唐尧独自一人到远离都城的乡村巡视。沿途所见，一片祥和欢乐的景象，人们笑逐颜开，怡然自得，唐尧看了十分高兴。

唐尧来到村前广场，只见几个老年农民在耕作之余，正在玩一种名叫“击壤”的游戏。这“壤”是长方形的木块，之所以称“击壤”，就是把这长方形木块竖在地上，再用另一木块，从相隔数十步外的地方掷过去，将竖着的木块击倒，谁击倒的次数多，谁为胜者。这就与今日玩保龄球相似。如今在偏僻地区，农村儿童仍在玩这种游戏，不过，大多以碎砖瓦代替“壤”。

老农们玩得开心，唐尧看得也很开心。这时有位过路人见了，感叹道：“我们的唐尧真了不起，有了他，我们才过上如此舒心的日子啊。”

此言一出，几位老农却不以为然，一边大笑，一边游戏，一边唱道：

日出而作，
日落而息；
凿井而饮，
耕田而食，
帝力于我何有哉！

歌词大意是：我们太阳出来就下田耕作，太阳下山就回家休息。挖井喝水，种田吃饭，帝尧的德政与我们有什么相干？

唐尧听了，心中十分踏实。他不愿显示自己，也不想给老农讲治国之道，就是要让百姓沐浴帝恩而不必知道。眼前景象，已足以说明这些，想罢，他悄悄地走了。

ráo
饶

小篆

饒
隶书

饶
楷书

食物丰富有余——饶

小篆的“饶”字是个左右结构的形声字兼会意字。左边是“食字旁”，作形符，表示跟粮食有关。右边是“尧”字，读yáo，作声符并会意。

“食”字与“尧”字组合，指“食物非常充足”。因是指食物，这跟“食”字有关，所以古人用“食”字作“饶”字的形符。

古人为什么用“尧”字作“饶”字的声符呢？

甲骨文的“尧”字与“陶”字同源。字形上面是两个“土”字，这是古代的“丘”字，是烧瓦器的窑包。下面是个“人”字，表示人在窑包前烧窑的意思。瓦窑是用土堆起来的中间空的大土丘，有高高突起之义。小篆为突出其高大，又加一“土”，三“土”重叠，下面再加个“兀（wù）”字，表示高而平。隶变后的楷书写作“堯”，如今简化作“尧”。“尧”字的本义指“窑包”，又引申指“高远”，像山高的样子。“饶”字表示粮食充足。充足到何等地步呢？粮食堆积起来就如同山一样高。正因为此，古人才用“尧”字作“饶”字的声符并会意。

楷书的字形由小篆演变而来，写作“饒”，现简化为“饶”。

“饶”字的本义为“富足”。如物产多财富多称“富饶”，富饶又称“丰饶”，很风趣称“饶有风趣”，很感兴趣称“饶有兴味”。“饶”字由本义引申指“宽容、宽恕”。如：求饶称“告饶”，请求饶恕称“求饶”，也称“讨饶”，饶恕、宽恕称“宽饶”。“饶”字由本义引申指“增益、添加”。如多给的少量东西称“饶头”。

得“饶”人处且饶人

“饶”字组词不多，有句俗语人们却常挂在嘴边。与人发生矛盾时，自己占上风，本想揪住对方不放，必欲将其置于死地。后来想想慈悲为怀，凡事得留有余地，不想把事情做绝，于是找个台阶安慰自己：算了吧，“得饶人处且饶人”，这事就这么了结吧。这样双方相安无事。

“得饶人处且饶人”，其义为宽恕、容忍。凡能宽恕、容忍的就不再计较，尽量谅解别人。应该说这是种美好的品质，值得提倡发扬。

有人考证，“得饶人处且饶人”这句俗语原来是下围棋的术语，指两人对弈时让人先走一步。若果真如此，饶人的事儿那就在双方不愉快的事情发生之前就有了，一开始就“饶人”了，跟现在的“该饶人处且饶人”的意思相反。因为只有发生矛盾，牵扯到该不该饶人，然后才有“且饶人”。所以“下围棋先走一步”之说不可信。即便是下围棋让对手先走一步，也只是礼让对方先走一步，而不是饶恕宽容的意思。

还有一种解释颇为有趣也较可信。南宋爱国诗人陆游写的《老学庵笔记》一书中记载着这么一件事。“绍兴末，朝士多饶州人，时人语曰：‘诸公皆不是痴叹。’又有监司发荐京官状，以关节欲与饶州人，或规其当先孤寒，监司者愤然曰：‘得饶人处且饶人。’时传以为笑。”

这段故事的大意是，南宋小朝廷偏安于南方这一块地方，朝廷里当高官的大多是饶州人，即今日的上饶人。当要举荐京官时，有识之士建议负责此事的监司，先要举荐有才能的寒士，不要总是任用饶州人。这位监司就是饶州人，他一听这话，怒斥道：“能够用饶州人的就先要用饶州人。”

这位监司蛮横霸道到无以复加的地步。他的这句话，造就了“得饶人处且饶人”这一俗语。也许这句话过于无理，后人将它改成了如今较为温和且又充满正能量的意思。

rǎo

扰

小篆

擾

隶书

扰

楷书

搅得人劳烦不宁——扰

小篆的“扰”字原先写作“擾”。这是个左右结构的形声字兼会意字。左边的“提手旁”作形符，表示跟“手”有关。右边的“憂”字读“yōu”，作声符并会意。

“手”字与“憂”字组合，指“手脚不停，搅得人心绪不宁，很是烦恼”。

因是指手脚不停，不得安宁，这跟手有关，所以古人用“提手旁”的“手”字作“擾”字的形符。

古人为什么用“憂”字作“擾”字的声符呢?

甲骨文的“憂”字是象形字，字形像一只拉长着嘴脸行动迟缓的大猩猩等猿类动物的形状。金文繁化，加了两手双脚。篆文将头、手、足断开，将“手”简化，将一足变为“心”，从“页”，表示愁容满面。隶变后的楷书写作“憂”，简化为“忧”。本义为大猩猩行动迟缓。后来引申为两种含义，一是指“忧虑、忧愁”，二是指“调皮、戏弄”。后来又引申指丰足优厚，又有优良、优劣等意。因“憂”字有调皮、戏弄之意，会搅得人心烦，此外，“憂”字又有忧伤、忧愁之意，也会使人心里不安，所以古人用“憂”字作“扰”字的声符并会意。

楷书的字形由小篆演变而来，写作“擾”，后简化为“扰”，本义指“打搅、纷乱”。如侵犯骚扰称“侵扰”；影响别人使人感到不安称“搅扰”；混乱称“纷扰”；搅扰或因受搅扰而心烦称“烦扰”；搅扰，使混乱或不安称“扰乱”；肆意扰乱称“肆扰”；互相打扰称“相扰”；制造事端进行骚扰称“滋扰”。还有干扰、袭扰、叨扰、喧扰等词。

“扰”和“庸人自扰”

“扰”指扰乱、搅扰，如：干扰、庸人自扰。成语“庸人自扰”，指平庸的人无事生事，自找麻烦。

唐朝有位高官名叫陆象先，吴县人，即今日江苏吴县人。他曾在朝中任刺史、按察御史。此人颇有才学，办事清正廉洁，说话坦诚直率，因得罪了皇帝的弟弟，被逐出朝廷，贬到益州，即今日四川成都一带地区，当了个管理司法治安的官员。

陆象先到任后，当地官员向他提建议：“益州地处西部边陲，天高皇帝远，这里的百姓愚顽懒散，不好管理。大人来益州要使百姓安居乐业，必得以严刑治理，树立威信，否则恐难奏效。”

陆象先听了此番话，当即反驳道：“此言谬矣，治理百姓，重在教导感化，在于引导疏导。百姓百姓，那是指成百上千万的民众，其中确有少数愚顽不法之徒，但绝大多数都是善良勤劳之辈。为官者对百姓要以理服人，依法行事，只要办事公道，百姓哪有不听的呢？”

陆象先这样说了，也这样做了。他在审理案件和处理一般百姓违法事件时，总是以训诫和教育为主，只要他们知错认错，都从轻发落。

对陆象先的这些做法，一些当地高官颇为不满，认为他过于宽容，建议他对违法者处以重刑，杀一儆百，以儆（jǐng）效尤。

陆象先听了这番话，非常生气，他严厉地对这些官员们说：“你们怎么这样固执己见，不理解我的用心呢？你们口口声声要严惩违法的人，岂不知，他们违法，为官者也逃脱不了责任啊，如若对他们施以重刑，就得从你们开始！”

官员们吓得不敢吱声了。陆象先又语重心长地说：“治理百姓，本来不是什么难办的事。只是因为一些才学浅薄、昏聩（kuì）无能的人，不善于处理复杂的事。天下本无事，庸人扰之为烦耳。这些人自己给自己添乱，这才弄出很复杂的事来。如若冷静处理，从源头找出事因，再加以妥善解决，这就会减少不少麻烦，再难的事也能处理好。”

后人将陆象先这番话中说的“天下本无事，庸人扰之为烦耳”，浓缩为“庸人自扰”，作成语流传下来，指平庸者无事生事，自找烦恼。

rào

绕

金文

小篆

隶书

绕
楷书

毛线缠绕

小篆的“绕”字是个左右结构的形声字。左边从“糸”，表明这个字与丝、线等有关。右边为“尧”，表示读音。

“绕”的本义为“缠绕”。

缠绕使事情或东西变得很乱，很复杂，茫无头绪，所以“绕”有纠缠，被弄得迷糊的意思，如绕嘴、绕口令、绕糊涂了。

“绕”也表示走弯曲迂回的路，如：绕远路、绕了个大圈子、绕道行驶。

“绕”还有围着转的意思，如飞机绕机场上空飞了一圈，环绕。

唐·颜真卿《多宝塔碑》

元·赵子昂

《草书韵会》

写错偏旁毁座城——绕

有关“绕”字，历史上曾有过写错偏旁毁座城的故事。

清朝末年，洪秀全在金田起义，建立太平天国。

据说洪秀全领导太平军攻打扬州时，途中经过仪征。先头部队派人来问洪秀全，大军进不进仪征城？洪秀全正在行军途中，便随手在纸上写了“烧城而过”四个大字，交给了传令兵。其实，他的意思是“绕城而过”，谁知一不留神，竟把“绕”字误写成了“烧”字。

先头部队攻下仪征城，执行洪秀全的命令，放火烧城。一时间，城里到处火光冲天，浓烟滚滚，好端端的一座仪征城，就这样被烧了个精光。

洪秀全得知烧城之事，已是第二天了。他先是吃了一惊，然后立刻查问这是怎么回事，要处分带头烧城的将士。将士们喊冤，拿出洪秀全的手令。洪秀全一看，才知道竟是自己的过失。看着化为废墟的仪征城，他追悔莫及，长叹道：“怪我，怪我，想不到‘绞丝旁’写成‘火字旁’，竟毁掉一座城呀！”